ODDZIAŁYWANIE

Dimitri Wereszczagin

ODDZIAŁYWANIE

DEIR III

KOS

Wydawnictwo KOS

KATOWICE 2006

Tytuł oryginału:

Влияние. 3 ступень Школы навыков ДЭИР

Tłumaczenie z języka rosyjskiego:

Marina Mockallo

Projekt okładki:

Marek Ciesielczyk

Korekta:

Wydawnictwo KOS

Łamanie:

Ryszard Liebich – Wydawnictwo KOS

ISBN 83-60528-09-8

Wydawca:
Wydawnictwo KOS
ul. Agnieszki 13
40-110 Katowice
tel./faks 32 258 40 45, 32 258 27 20
e-mail: kos@kos.com.pl; kos@beep.pl
http://www.kos.com.pl

Druk i oprawa:
RISAPRESS S.C., 41-905 Bytom, ul. Św. Elżbiety 6
tel. 32 281 55 44 • e-mail: biuro@risapress.pl
www.risapress.pl

SŁOWO NA DROGĘ

Otwierając tę książkę, otrzymujecie szansę zmiany na zawsze swojego życia poprzez wzniesienie się na nowy stopień ewolucji. Zostaną przed wami odkryte prawdziwe przyczyny zdrowia, choroby, postępowania i ludzkiego losu.

Uwolnicie się od wpływu wielkich energetycznych pasożytów rządzących ludźmi i popychających ich do autodestrukcji. Pamiętajcie, by nie krzywdzić ludzi, którzy nie są na drodze rozwoju. Zrozumcie ich i pomóżcie.

Stanie się dla was dostępne to, co dla zwyczajnych ludzi jest nie do pomyślenia. Nie traćcie siły na darmo w gonitwie za pozornymi osiągnięciami. Macie wielki cel – odkrycie nowego świata i odnalezienie w nim swojego miejsca.

Uzyskacie zdolność uzdrawiania i ten dar przyjdzie do każdego z was inną drogą. Stosujcie go dla dobra wszystkich. Pomagajcie bezinteresownie.

Wasza dusza przejdzie proces wzmocnienia i będziecie mogli poprowadzić innych za sobą. Przynieście im światło i radość, a nie ciemność i ból.

Przestaniecie być zależni od karmy i chorób karmicznych. Pomóżcie innym osiągnąć ten stan.

Będziecie władać prawdziwym narzędziem zmiany świata – wiarą. Niech wasza wiara posłuży na korzyść nie tylko wam.

Aby przejść tę drogę do końca, będziecie potrzebować pomocy. Uzyskacie ją od takich jak wy – idących. Zauważajcie siebie w tłumie. Uczcie się od siebie. Pamiętajcie o sobie.

Wchodząc na nowy stopień rozwoju, będziecie częścią nowej energetycznej wspólnoty wolnych ludzi. Wspierajcie się nawzajem. Pamiętajcie o sobie i dzielcie się ze sobą energią, ponieważ cena wolności jest wysoka i czasami nie do udźwignięcia dla jednej osoby.

Pamiętajcie o nas, którzy jako pierwsi wkroczyli do nowego świata. Ogniskujemy nową energetyczną wspólnotę dla was. Zwracajcie się do nas w trudnych chwilach, a przyjdziemy z pomocą. Zwracajcie się do nas i w momentach waszego rozkwitu – będziemy mogli przyjść z pomocą do milionów innych. Śmierci nie ma. Odezwiemy się i z tamtej strony.

Odczujcie więź ze mną, autorem tych słów. Czekam na to. Proście o pomoc i pomagajcie mi.

Dodajcie do światła nowej energetycznej wspólnoty swoje promienie.

Stwórzcie nową wolną ludzkość. Zasługujecie na to.

PRZEDMOWA

Dobrze wiemy, że w naszym życiu nie istnieje nic droższego niż czas – ponieważ dysponując nawet nieograniczonymi możliwościami, możemy nie zdążyć z czymś. Już uwolniliśmy się od patologicznych energoinformacyjnych połączeń – wielkich istot pasożytniczych, górujących nad pozostałą ludzkością, zaczęliśmy kontrolować własną energetykę i możemy uniknąć tworzenia w sobie negatywnych połączeń. To są ogromne osiągnięcia i ich znaczenia nie sposób przecenić. Nie w słowach, lecz w rzeczywistości odzyskaliśmy postrzeganie świata energii i odrodziliśmy swoje zdolności do pracy z tym światem. Otrzymaliśmy dostęp do tych dźwigni, które trzymają w ręku wyższe istoty – i sam Bóg. Już chociażby tym różnimy się od większości przedstawicieli rodzaju ludzkiego, zniewolonych przez niższe formy świata energii. Jesteśmy niezależni od nici, które poruszają wszystkimi ludźmi jak marionetkami. Ale czy jesteśmy wolni ostatecznie? Zastanówmy się.

Co osiągnęliśmy? Nauczyliśmy się widzieć i odczuwać potoki energetyczne, diagnozować, sterować centralnymi potokami własnej energii, od której zależy funkcjonowanie naszego ciała; uwolniliśmy się od świadomych i nieświadomych ataków z zewnątrz, a mianowicie: uroku, „złego oka", programowania i spowodowanych tymi oddziaływaniami chorób; poznaliśmy naturę energoinformacyjnych pasożytów, które wykorzystują ludzkość we własnych, im tylko służących celach, i nauczyliśmy się czuć ich obecność; potrafiliśmy stworzyć otoczkę, na zawsze odłączającą nas od tych pasożytów, i w ten sposób uczyniliśmy wszystko, co od nas zależy, aby uruchomić naturalne siły organizmu; nauczyliśmy się całkowitej kontroli swojej energetycznej istoty, posiadamy programy na zdrowie, pewność siebie, sukces, uzdrawianie i aktywnie z nich korzystamy; nie tworzymy więcej niepożądanej karmy i jesteśmy chronieni przed chorobami karmicznymi, przed nami już otworzyły się nowe horyzonty...

Jesteśmy zdrowi, panujemy nad sobą, podnieśliśmy się na wyższy poziom ewolucji i idziemy dalej, możemy pomóc innym – nie tak jak jeden kaleka pomaga innemu, a jak starszy brat pomaga młodszym. Cóż jeszcze? Czego brakuje?

Brakuje niezależności od sytuacji. Krótko mówiąc, chociaż nie jesteśmy już sterowani przez energetyczne pasożyty, w dalszym ciągu jesteśmy uzależnieni od przejawów świata materialnego, innych ludzi. I z tym nic nie można zrobić. Przynajmniej dopóki znajdujemy się w ciele fizycznym. To jak z domkiem na działce – jeśli istnieje, może być pożar, zalanie, kradzież, na dodatek latem trzeba dostarczać zaopatrzenie. W podobny sposób jesteśmy uzależnieni od otaczających nas osób – zarówno wolnych, jak i sterowanych przez pasożytnicze istoty. Potrzebujemy pieniędzy, uznania, możliwości i rezultatów wspólnych działań. Lecz nie oznacza to, że musimy grać według cudzych zasad – po pierwsze dlatego, że to zwykła strata czasu (po co w urzędzie przez pół godziny denerwować się i dyskutować z chamem, jeśli chcemy tylko szybko uzyskać zaświadczenie?), a po drugie, że nas, jako osoby niezależne, atakują często marionetki energoinformacyjnych pasożytów i starają się tworzyć przed nami różne przeszkody.

Znaczy to, że musimy nauczyć się bronić. Nawet nie bronić się – to brzmi zbyt poważnie, tylko po prostu sterować.

Jest to wystarczająco łatwe – zwłaszcza dla was. Po opanowaniu metod pierwszych dwóch stopni DEIR zawartych w poprzednich książkach, postrzegacie o wiele więcej w porównaniu ze zwyczajnym człowiekiem. Was można porównać do człowieka ze zdrowymi oczami w kraju ślepców, chodzącego o własnych siłach w kraju inwalidów lub do wykształconej osoby, która trafiła do plemienia dzikusów. Owszem, mogą być od was silniejsi. Lecz siła człowieka tkwi w umyśle, rozumowaniu i zdolnościach przewidywania wydarzeń, a nie w mięśniach. Umysł łatwo zwycięży prymitywną siłę – podobnie i wy, uzbrojeni w wasze nowe możliwości, będziecie w biegu, nawet tego nie zauważając, usuwać ze swojej drogi wszystkie przeszkody. Wasze cele są wyższe, ponieważ stanowią cele człowieka wolnego i nie musicie zależeć od głupich i, jeśli się zastanowić, śmiesznych przeszkód i bezsensownego zamieszania. Trzeba tylko nauczyć się niektórych najprostszych technik – i w przyszłości wszystko całkowicie automatycznie będzie się odbywało zgodnie z waszymi pragnieniami.

ROZDZIAŁ 1.

ZASADY WSPÓŁPRACY Z OTOCZENIEM I SPOSOBY STEROWANIA JEGO ZACHOWANIEM

Konieczność sterowania

Jak wiadomo, problem zależności człowieka od swojego otoczenia był zawsze aktualny. Próbowały go rozwiązać niezliczone rzesze filozofów, psychologów i pisarzy. Powstało mnóstwo książek i prac naukowych, mających na celu pomoc człowiekowi w uporaniu się z problemami w tej sferze i niestwarzaniu nowych. Czy to rzeczywiście pomogło? Wcale!

Skoro problem ten jest wieczny i w jego rozwiązywaniu należy polegać tylko na sobie, możemy pracować nad doskonaleniem siebie. Nikomu to jeszcze nie zaszkodziło, lecz ponieważ w realnym świecie nie żyjemy sami i nie wszystko zależy tylko od nas, liczne próby wprowadzania zmian do otoczenia mogą okazać się bezskuteczne, jeśli nie potrafimy na to wpływać w określony sposób.

U każdego myślącego człowieka zawsze powstawało pytanie: dlaczego tak często muszę stawać się ofiarą otaczającej mnie rzeczywistości? Przecież trudno się nie zgodzić z tym, że większość osób świadomie określając swoje życiowe wartości, czyni wszystko, co możliwe, by realizować się w tym świecie: osiągnąć swoje cele, urzeczywistnić wytyczone plany w najróżniejszych sferach życia, zaspokoić najważniejsze duchowe potrzeby. Właśnie to ostatecznie sprowadza się do pojęcia szczęścia. Jeśli nawet nie dane jest nam zawsze przebywać w tym stanie, chciałoby się naturalnie przeżywać te radosne chwile jak najczęściej. Zostaliśmy tak wychowani, że zaakceptowaliśmy narzuconą nam tezę, że takich minut w życiu każdego człowieka nie może być wiele – żeby tylko wcale nie znikły, przecież wtedy zniknie i chęć do życia. Obmyślamy każdy krok w naszym życiu: zdobywamy wykształcenie, staramy się nie popełniać błędów, w głębi duszy ufając, iż jeśli nie będziemy robić nic złego, zło nas nie dosięgnie; uczymy się kochać i być kochanym, staramy się zachować młodość, piękno i zdrowie. Robimy o wiele więcej – wszystkiego nie da się tu przytoczyć. Ale teraz zapytajmy siebie: co uzyskaliśmy w ostatecznym rozrachunku? Jak często wszystkie nasze pragnienia i pomysły zostają zrealizowane i sprawiają nam radość? Przecież wydawałoby się, że one wcale nie są bezpodstawne: dosyć dobrze wiemy, czego chcemy. Kończymy szkoły, czynimy potężne wysiłki i mamy nadzieję na pomyślną karierę zawodową. Ale z jakiegoś powodu nie możemy dostać wymarzonej pracy. Jesteśmy bez pracy i naturalnie bez pieniędzy, w rezultacie – depresja i narzekanie na życie.

Udaje nam się spotkać miłość. Ukochana osoba, jak nam się wydaje, odwzajemnia nasze uczucia, ale jakieś niezrozumiałe siły nas rozłączają. Przyczyny tego mogą być różne: albo nie jesteśmy zbyt korzystną partią, albo nie podobamy się przyszłej teściowej, lub najbardziej banalny wariant – waszego wybrańca lub wybrankę dosłownie kradną sprzed nosa, i nie dlatego, że do niego lub do niej przyszła wielka miłość, lecz po prostu dlatego, że „tam" okazało się przyjemniej, weselej i bardziej rozrywkowo.

Wracamy do domu – i w biały dzień, na oczach ludzi stajemy się ofiarą napadu, przy czym z naszej strony nie było najmniejszej prowokacji. Czasami nas dosłownie prześladują niepowodzenia, za które przy całym naszym krytycyzmie nie możemy obwiniać siebie.

Oczywiście wszystko to nie należy do przyjemności. Uświadomienie sobie tej naszej bezbronności wytrąca nas z równowagi. Jaki z tego można wysnuć wniosek? W życiu człowiekowi nie zawsze sprzyjają okoliczności i sytuacje. Jeśli chcemy czuć się komfortowo i pewnie, należy się od nich uniezależnić. A to z kolei wiąże się z umiejętnością oddziaływania na otoczenie. Już czytaliście moje poprzednie książki. Być może ta wyda się wam mniej ciekawa niż poprzednie, ponieważ jakoś niezręcznie myśleć nawet o sterowaniu ludźmi, których przecież tak dalece wyprzedziliśmy w naszym rozwoju. Jednak myślę, że trudno się nie zgodzić z tym, że umiejętności sterowania człowiekowi by nie zaszkodziły (przecież społeczeństwo oddziałuje na nas praktycznie bez przerwy) – a zwłaszcza człowiekowi, który zapoznał się z pierwszymi dwoma stopniami DEIR. Tych natomiast, którzy po raz pierwszy spotkali się ze mną, muszę uprzedzić, że przeprowadzenie większej części pracy proponowanej w tej książce możliwe jest tylko po zaznajomieniu się z poprzedzającymi etapami nauczania. Tylko pod warunkiem harmonii i pokoju we własnej duszy można wprowadzić pokój i harmonię w swoje otoczenie w taki sposób, by przyniosło to korzyść, a nie wyrządziło krzywdę. Jeśli człowiek sam błądzi w ciemnościach, naokoło niego również będzie taka sama ciemność. Dlatego nie urażając czytelników, którzy po raz pierwszy dowiedzieli się o systemie DEIR – ze stron tej książki zwracam się przede wszystkim do tych uczniów, którzy dzięki znajomości poprzednich części lub po uczestnictwie w kursach DEIR już opanowali kontrolowanie własnej energetyki i uwolnili się od patologicznych połączeń. Oni w pełni, bez trudu wykorzystują programy powodzenia i zdrowia, są energiczni, radośni, towarzyszy im sukces, udało im się pozbyć wewnętrznych problemów. Zostały im do rozwiązania problemy związane z otaczającymi ich osobami, od których często są zależni i na danym etapie naszej metody jest to do opanowania. Bez wątpienia możecie już określić punkty sterowania człowiekiem. W pierwszej książce na dłużej zatrzymaliśmy się na pojęciu psychologii tłumu. Podawaliśmy wiele przykładów na to, do czego zdolny może być tłum. Człowiek jako taki, z jego budową energetyczną, celami i programami nie może być wolny w mocnym uścisku społeczeństwa. Pozostaje tylko żywioł, który chłonie wszystkich i wszystko, prąd w olbrzymim polu energoinformacyjnym naładowany integralną energią negatywną, a każdy człowiek w nim jest tylko spełniającą swoją funkcję śrubką, której nie sposób na danym etapie wyodrębnić z ogólnej masy. Od razu chcę powiedzieć czytelnikowi naszych pierwszych książek: niezależnie od tego, jak bardzo byłaby skomplikowana wasza sytuacja, wam już w żaden sposób nie grozi bycie jedną z takich śrubek lub co gorsza, stanie się przypadkowym liderem tłumu (z wyjątkiem sytuacji, gdy będzie to korzystne dla was). Dla takich „wirusów" już jesteście nieosiągalni. Jesteście już na innym poziomie. To, co dla kogoś stanowi trudność, dla was jest normalnym życiem. Lecz jak już powiedziałem, otaczające was środowisko nie znikło i chociaż nie istnieje niebezpieczeństwo stania się drobnym elementem tego tłumu, może on jednak was porwać lub wpłynąć w nie najlepszy sposób na wasze życie. Tak więc, jeśli nie podoba się wam wasze otoczenie, z pewnością możecie je zmienić. Na tym etapie nauczyliście się, stosując techniki energetyczne, tworzyć w nim harmonię: neutralizować lokalnego lidera, sterowanego energoinformacyjnym pasożytem, a wraz z nim sterowaną przez niego grupę ludzi, wykorzystując jego energię w korzystnym dla was kierunku; unikać przy okazji różnego rodzaju drobnych nieprzyjemności, a przy najbardziej niekorzystnej dla was sytuacji po prostu wyłączać się z negatywnego biegu wydarzeń.

Czy można nazwać liderami ludzi sterowanych przez energoinformacyjne pasożyty?

Na pewno zauważyliście pewną interesującą właściwość u ludzi z nieprzezwyciężonym parciem do sukcesu: są nadzwyczaj aktywni w trakcie osiągania swoich celów, lecz ich moralne zasady, mówiąc delikatnie, okazują się dość chwiejne. Można od razu przywołać z pamięci wiele przykładów z historii, gdy do władzy dochodziły osoby o wątpliwych zdolnościach, moralności i nawet zdrowiu psychicznym. Hitler, jak wiadomo, nigdy się nie wyróżniał ani talentami, ani pilnością w zdobywaniu wiedzy; nie ukończył nawet szkoły średniej. Dwukrotnie oblewał egzaminy wstępne do wiedeńskiej Akademii Sztuk Pięknych. Lecz to wszystko nie zaszkodziło mu w zrealizowaniu planów. Ciekawe, dzięki czemu to zrobił.

Wielu z naszych dzisiejszych polityków nie umie się wysłowić, ale nie odczuwa przy tym żadnego dyskomfortu i zajmuje kierownicze stanowiska. Pytamy, w jaki sposób się wkręcili? Kosztem czego? Czy mieli prawo moralne na to sobie pozwolić? Co ich wspierało?

Naturalnie nieprzypadkowo znaleźli się na swoich miejscach – takie osoby nadzwyczajnie się nadają do wykorzystywania przez energoinformacyjnego pasożyta. „Cel uświęca środki" – to ich teza życiowa. Teoria Dostojewskiego o niemożności zbudowania szczęścia na łzach jednego zamęczonego dziecka dla nich jest tylko romantyczną bzdurą. Siebie natomiast zawsze mogą usprawiedliwić w ten sposób, że cel przecież jest potężny, a skutki jego realizacji mogą być wprost wspaniałe (przy czym nie tylko dla nich, a być może i dla całego społeczeństwa). Co zaś tyczy się środków – po pierwsze, w początkowych etapach realizacji celu jeszcze nie wiadomo, ile trzeba będzie postawić na jedną kartę (człowiek jest słaby i łatwo może być oszukany, jeśli nie ma ochrony przed wpływem z zewnątrz), po drugie, cel jest zbyt kuszący i na pewno się opłaci po stokroć. A jeśli zdarzy się tak, że koszty przerosną oczekiwania – to już nic nie poradzisz: za wszystko trzeba płacić. Do tego, w przybliżeniu, sprowadza się cała filozofia tych, którzy dążą do samoutwierdzania się za wszelką cenę. W najbardziej łagodnym wariancie płacą za swoją karierę sumieniem i elementarnym poczuciem własnej godności, zerwaniem kontaktu z bliskimi ludźmi i pewnymi stratami materialnymi. W najgorszym wypadku środkiem płatniczym jest ludzkie życie – miliony ludzkich istnień. I to jest straszne. Każdy myślący człowiek będzie się starał stawiać opór podobnej ingerencji we własne życie.

Niemniej właśnie tacy ludzie najczęściej służą energoinformacyjnemu pasożytowi jako narzędzie do manipulacji społeczeństwem, ponieważ gdy się dorwą do władzy, swoimi działaniami angażują ogromną ilość osób i uwalniają największą ilość synchronizowanej energii służącej jako pożywienie dla pasożytniczej struktury. Historia świata zna wiele przykładów, gdy w imię jakiejś wątpliwej idei ginęła ogromna liczba ludzi. Jeśli wspomnieć historię Rosji – były to krwawe wydarzenia epoki Iwana Groźnego, Piotra I, rewolucja 1917, bratobójcza wojna domowa, krwawa epoka kultu jednostki, wojna w Afganistanie, wydarzenia w Czeczenii. W latach 30. XX w. miliony ludzi umarły z głodu tylko dlatego, że w imię urzeczywistnienia „wielkiej idei" wszystkich zapędzono „do kołchozów" – było to sztuczne zjednoczenie chłopów całkowicie nieprzygotowanych do zespołowego gospodarowania. Te wszystkie historyczne wydarzenia nie zachodziły samoistnie, żywiołowo, lecz wynikały z intencji określonej grupy osób dążących do konkretnych celów. Natomiast efekt niszczący tych posunięć był druzgocący przy tak niewielkiej garstce organizatorów. Tak więc lider każdego poziomu we współczesnym społeczeństwie przeważnie jest protegowaną marionetką pasożytniczej struktury.

Oczywiście ludzi akceptujących radykalne poglądy na życie typu Stalina czy Hitlera można spotkać nie tylko wśród zamkniętej kliki rządzących. Oni są zawsze obok nas: w pracy, na ulicy, w sklepie, a czasem i w naszym własnym domu. W naszym interesie jest umiejętność przeciwstawiania się im. Tacy właśnie ludzie tworzą najwięcej przeszkód i nieprzyjemności. Lecz w celu przeciwstawienia się im należy najpierw zrozumieć dwie rzeczy: dlaczego oni są tacy – czy takimi stworzyła ich natura, czy istnieje inna przyczyna i najważniejsze – czy w ogóle są na nich jakieś sposoby?

Pasożytnicze energoinformacyjne struktury – ich powstawanie i sposób ich istnienia

W poprzednich książkach dokładnie zostało powiedziane, że energia człowieka powstaje przy współoddziaływaniu dwóch strumieni: jeden z nich płynie z Ziemi, drugi z Kosmosu. Obydwa strumienie częściowo wychodzą przez czakry, z których każda pełni swoją określoną funkcję.

Czakry Swadhistana i Manipura wchłaniają rozproszoną w zewnętrznym środowisku energię Ziemi i wypromieniowują energię Kosmosu, transformowaną poprzez świadomość konkretnej osoby. Są to swoiste okienka, przez które uwalniane są na zewnątrz strumienie energetyczne ludzkiej istoty – jej świadomości i struktur ją programujących. Rola tych czakr w kształtowaniu się połączeń pasożytniczych w ludzkim społeczeństwie jest wyjątkowo duża. Czakry Wiszudha i Adżna uwalniają energię Ziemi, jednocześnie pobierając energię Kosmosu. Poprzez te dwie czakry zazwyczaj realizowane jest brutalne oddziaływanie energetyczne. Wysyłane są ładunki emocjonalne. Z tymi czakrami aktywnie pracują politycy, aktorzy, hipnotyzerzy, różnego rodzaju liderzy, którzy w ten czy inny sposób wpływają na nasze życie. Jak widać, pola energetyczne organizmu człowieka, składające się z dwóch podstawowych strumieni, są transformowane przez jego strukturę. Czyli jeśli człowiek o czymś myśli, do czegoś dąży, kogoś kocha, nienawidzi, kimś pogardza, przeżywa różnego rodzaju emocje, naturalnie nie zawsze pozytywne, to wszystko w sposób nieunikniony przedostaje się do otaczającego środowiska, w którym wszyscy przebywamy. W taki sposób pole zostaje zanieczyszczane przez myśli, programy oddziałujące na podświadomość człowieka, a nierzadko całej grupy ludzi. Powstaje krąg zamknięty: na początku niewielka grupa ludzi tworzy ideę, która powstaje w postaci pola energoinformacyjnego, potem energia tego pola zaczyna oddziaływać na znacznie większą liczbę osób i podtrzymuje samodzielnie swoje istnienie (czyli wspierana jest idea, idea łączy ludzi, ludzie wysyłają w przestrzeń zsynchronizowane energoinformacyjne potoki, z tych potoków składa się ciało i odżywianie pasożytniczej struktury, która z kolei podtrzymuje istnienie idei).

Znane jest takie powiedzenie: idee krążą w powietrzu. Zazwyczaj jest ono stosowane w tych przypadkach, kiedy chcemy podkreślić otwartość społeczeństwa na postrzeganie idei. I jeśli tam krążą, z pewnością ktoś je tam wpuścił. Rozprzestrzeniać się potrafią z nieprzewidzianą szybkością. Przecież Narodowosocjalistycznej Niemieckiej Partii Robotników, do której dołączył Hitler po I wojnie światowej, początkowo nikt nie traktował poważnie z powodu chociażby jej małej liczebności. Nikt, z rzadkimi wyjątkami, nie mógł sobie nawet wyobrazić możliwych skutków jej działalności.

Jak widać z tych kilku przykładów, tłum prowadzony przez liderów, sterowanych przez połączenie pasożytnicze, wyróżnia się niesamowitą aktywnością; skutki tych wstrząsów nie mijają bez echa i dają o sobie znać jeszcze w następnych pokoleniach. Siłę tłumu łatwo jest wytłumaczyć; przecież wprowadza go w ruch integralna energetyka społeczeństwa lub raczej jego struktur pasożytniczych. Przy czym dzieje się tak tylko w najbardziej korzystnych dla sprawy momentach. Ta sama energetyka połączenia pasożytniczego, wzmacniając ruch energoinformacyjny wokół lidera, zapewnia jego prawidłowe sterowanie. Osoby, które włączyły się w te potoki energoinformacyjne, lecz nie potrafią się im przeciwstawić, poruszają się w nich jak pionki na szachownicy, są targane przez fałszywe i pozbawione sensu cele. Przecież tylu działaczy politycznych, reformatorów, rewolucjonistów i po prostu buntowników wysyłało ludzi na śmierć! Gwoli sprawiedliwości trzeba przyznać, że wielu z nich szło na to świadomie, święcie wierząc w propagowane idee. W rezultacie idea wyhodowana na patologicznym gruncie energetycznym zaczyna żyć samodzielnie i już nie ludzie ją popychają, lecz ona nimi porusza, przemieniając ich w marionetki. Tworzy się natomiast odczucie, że idee po prostu żyją w umysłach narodu, wzmacnianie przez jego interesy. Taka teoria jest całkowicie błędna, ponieważ cele i interesy, na których wyrosła idea, najczęściej bywają fałszywe. Nigdy by nie powstały i nie przetrwały bez programującego działania energoinformacyjnego pasożyta. I jeśli historia państwa bogata jest w kierowników despotów, neurasteników lub po prostu przeciętniaków niekochających swojego narodu, to z pewnością mają oni źródło energoinformacyjnego zasilania. Ta pasożytnicza energia jak trąba powietrzna zagarnia wszystko i wszystkich. Ingeruje w życie ludzi, wpływając na ich dążenia i pomysły. Mówiliśmy o tym, że podobne zjawiska występują nie tylko w globalnych wymiarach całego społeczeństwa, ale i w naszym życiu codziennym. Możemy o nich w ogóle nie myśleć, lecz tylko do czasu, gdy nie zacznie nas to bezpośrednio dotyczyć.

I wtedy ten problem staje się nagle aktualny! Oto bardzo typowy przykład.

Moją koleżankę z pracy dosłownie wykańczały ciągłe konflikty z matką męża. Teściowa nie tylko strofowała ją bez przerwy z powodu i bez żadnego powodu, ale i z wielkim powodzeniem buntowała przeciw niej pozostałych członków rodziny, łącznie ze swoim synem. W każdym razie w tym domu nikt nie chciał wstawić się za młodą żoną. Ciągłe wymówki, skandale, za każdym razem kończące się łzami, zmusiły w końcu młodą kobietę do myśli o rozwodzie, którego wcale nie chciała. Dążyła tylko do jednego: aby móc decydować samodzielnie o swojej rodzinie. Mając nadzieję na rozwiązanie problemu i niedoprowadzenie do rozwodu, postanowiła stawiać opór. Nie wiedziała jeszcze, w jaki sposób, ale miała szczęście w nieszczęściu. Rozwiązanie przyszło szybko. Tego, co się zdarzyło w czasie ostatniego „ataku", nie była w stanie zrozumieć. Opisała ten epizod w następujący sposób: „Jako powód do konfliktu posłużyło to, że zdaniem teściowej posłałam łóżko nie tak, jak należy. Od razu zostało powiedziane w bardzo ordynarnej formie, że mój mąż mógł znaleźć sobie lepszą żonę. Nie wiem, co mnie wtedy naszło, ale nagle uświadomiłam sobie, że jeśli odpowiem jej tak jak zwykle, znów zostanę wciągnięta w ten niekończący się konflikt, do czego moja teściowa chyba świadomie dążyła. Poczułam, że muszę zrobić coś wyjątkowego, wprost zaskoczyć tę kobietę. A jeśli mi się nie uda, pozostanie jedno: wyjść z tego domu i więcej tu nie wracać. Zebrałam siły, popatrzyłam na nią ze współczuciem i powiedziałam, że ma rację: jej syn rzeczywiście mógł wybrać kobietę nie tylko bardziej zaradną, ale i o wiele ładniejszą, mądrzejszą, młodszą ode mnie itd. Przypomniałam jej wieczne zarzuty i narzekania i wymieniłam swoje wady, jednocześnie wspominając o zaletach swojego męża. Mówiłam spokojnie, lekko smutnym głosem, ale szczerze. Przecież wszyscy mamy jakieś wady. To, co po tym wszystkim zaszło, było naprawdę zdumiewające. Jej szeroko otwarte oczy mocno się zaczerwieniły, jakby przestała rozumieć, co do niej mówię. Kilka razy otwierała usta, jakby chciała coś powiedzieć, ale zapomniała słów. Otworzyła szafkę i zaczęła przekładać rzeczy, sprawiając wrażenie całkowicie nieobecnej. Za chwilę poskarżyła się na silny ból głowy i poszła do siebie się położyć. Odetchnęłam z ulgą". Zastanówmy się nad tym, co się wydarzyło. Oczywiste jest to, że w tej rodzinie funkcjonowały pasożytnicze połączenia zwrotne, ogniskujące się na teściowej, a dotykające wszystkich członków rodziny. Lecz jednak co zadziałało w tej konkretnej sytuacji? Przecież ta młoda kobieta nie odpowiedziała chamstwem na chamstwo. Co więcej, nie powiedziała ani słowa sprzeciwu, wręcz przeciwnie, tylko przytakiwała. Więc co się stało? Nieświadomie w jakiś sposób potrafiła nie tylko zneutralizować przeciwnika, ale zadać mu poważny cios.

Co takiego zrobiła? W jaki sposób doprowadziła do rozwoju sytuacji w korzystnym dla niej kierunku? O tym będzie nasza dalsza rozmowa.

Sterowanie: podstawowa teoria i główne techniki

Sposoby sterowania otoczeniem można podzielić na energetycznie aktywne i energetycznie pasywne. Te ostatnie stanowią podstawę ogólnego sterowania, dlatego należy opanowanie metody zacząć od nich. Metody pasywnego oddziaływania na ludzi sprowadzają się z kolei do dwóch głównych kierunków: wykorzystywania niewerbalnej informacji, uzyskiwanej przez stałą obserwację ludzi i w odpowiednim momencie odłączenie tych ludzi od zasilających ich potoków energii. Jak się mówi „mądry działa poprzez niedziałanie". To naturalnie nie oznacza, że w realnym życiu na planie fizycznym można pozostawać bezczynnym. Jak już zostało powiedziane wszyscy członkowie konkretnej grupy i ich liderzy działają na gruncie przygotowanym przez patologiczne pole energoinformacyjne. Scenariusz został napisany i role przydzielone. Jednocześnie patologiczna siatka energetyki społeczeństwa zaczyna zawczasu tworzyć w psychice otoczenia pewną deformację psychiczną, coś w rodzaju „momentu zaniemówienia", ułatwiającą liderowi drogę do celu. Przy tym dzieje się tak, że mądre osoby, którym udało się oprzeć patologicznym energoinformacyjnym polom, milczą, ułatwiając tłumowi zwycięstwo lub w najlepszym wypadku usiłując być w zgodzie ze swoim sumieniem, podejmują próby przeciwdziałania tłumowi, lecz te próby przez nikogo nie są traktowane poważnie i nie odnoszą żadnego skutku. W związku z tym mamy pełne prawo do szybkiego rozpoznania tego momentu. Wyróżnia się on pewnymi symptomami.

- ***System nawyków DEIR*** Stopień 3.

Krok 1. Wyjawienie oznak przygotowania skoordynowanych działań i pasywne metody sterowania

Krok 1a.

Pierwszy znak, na który należy zwrócić uwagę, to zmiana aury. Jest on szczególnie ważny z tego powodu, że występuje we wcześniejszych etapach rozwoju wydarzeń, gdy mamy jeszcze wiele czasu do podejmowania decyzji i wystarczająco szeroki wachlarz sposobów oddziaływania. Wiadomo, że dobra aura stanowi oznakę zdrowia – duchowego i fizycznego. Ludzie znajdujący się pod wpływem patologicznego energoinformacyjnego pola naturalnie takowym się nie wyróżniają. Dlatego w tego rodzaju sytuacjach zawsze trzeba zwracać uwagę na aury ludzi – stają się one cieńsze i pojawiają się na nich obrzydliwe narośle.

Według relacji pewnego ekstrasensa, który wyemigrował z Rosji w 1917 roku, kilka miesięcy przed rewolucją atmosfera w społeczeństwie była skrajnie napięta pod względem energetycznym. „Powietrze było dosłownie przesiąknięte czymś strasznym, nieodwracalnym, wyczuwało się przygnębiające napięcie, które wcześniej czy później musiało się ujawnić. Praktycznie nie sposób było spotkać człowieka z normalną aurą. U wszystkich była albo bardzo cienka, albo zdeformowana. Wydawało się, że wszyscy, i ci, którzy aktywnie uczestniczą w wydarzeniach, i ci, którym pozostało tylko obserwowanie ich rozwoju, przebywali w stanie oczekiwania na straszny wybuch. Wszyscy już wiedzieli, że coś ma się stać. Jak gdyby czyjaś bezlitosna władcza ręka uruchomiła niewidzialną machinę kierującą milionami mieszkańców miasta i nikt już nie był w stanie jej zatrzymać".

Po uświadomieniu powstałej sytuacji macie do wyboru kilka wariantów działania na planie fizycznym. Oczywiście najłatwiej jest po prostu usunąć się. Nieprzypadkowo zawsze rośnie ilość emigrantów z tych krajów, gdzie zaczynają się niekorzystne zmiany polityczne i ekonomiczne. Ten sam mechanizm działa w rozpadających się rodzinach, gdy jeden z małżonków walczył z wewnętrzną niezależnością drugiego i usiłował zamienić go w swoją własność. Lecz na ten krok warto zdecydować się tylko w tym wypadku, gdy nie macie żadnych szans na zmianę sytuacji. Usunąć się możecie praktycznie na każdym etapie rozwoju wydarzeń, lecz pod warunkiem, że jeszcze nie rozpoczęliście żadnych aktywnych działań: jeśli w was zauważają poważnego przeciwnika, mogą wam już nie pozwolić odejść. Dlatego też należy najpierw przeanalizować wszystkie możliwe skutki swoich działań.

A więc symptomem pierwszego etapu rozwoju wydarzeń jest wycieńczenie aury. Aby w tej fazie zmienić sytuację w korzystnym dla siebie kierunku, możecie zrobić cokolwiek, by zwrócić na siebie uwagę, lub np. wyjść z jakimś tematem do dyskusji, który zainteresuje ludzi i skieruje bieg wydarzeń w innym kierunku. Nie zapominajcie, że napięcie przenika dosłownie każdą komórkę ciała człowieka i jeśli macie możliwość trochę je rozładować, zróbcie to koniecznie.

Krok 1b.

Tę samą technikę można wykorzystać w procesie rozwoju drugiej fazy – powstawaniu potężnych potoków energetycznych, którym na początku towarzyszą mocne wybuchy emocjonalne. Z tego wynika, że zaproponowany przez was w tej fazie temat powinien mieć mocne podłoże emocjonalne. Na co dzień ten chwyt wspaniale wykorzystują doświadczeni wykładowcy, którzy często muszą przyciągać uwagę audytorium, którego znaczna część jest z góry nastawiona wrogo do nich i ich przedmiotu. W tej grupie zazwyczaj jest lider, którego trzeba umieć zneutralizować czy nawet sobie pozyskać (na tym etapie rozwoju wydarzeń jest to całkowicie możliwe). Postępowanie takiego wykładowcy jest całkowicie niestereotypowe: opowiada pozornie niezwiązane z przedmiotem historie, odpowiada cierpliwie na najgłupsze pytania, stara się podobać kobietom, w ten sposób zapewniając sobie ich wsparcie. Przyciągając do siebie uwagę w tak niestandardowy sposób, a lidera grupy stawiając w najbardziej niekorzystnym świetle, udaje mu się zyskać przychylność audytorium. Trudność polega na tym, że całą grupę należy trzymać jak najdłużej w napięciu emocjonalnym. Jeśli dacie sobie z tym radę, będziecie mogli całkowicie panować nad sytuacją.

Krok 1c.

Trzecia faza rozwoju wydarzeń charakteryzuje się wyraźnym stanem ospałości i niepokoju wśród otoczenia, czymś w rodzaju rozproszonych spojrzeń, rozglądania się na boki. Spowodowane to jest tym, że negatywne potoki energetyczne, na początku naładowane mocnymi emocjami, zaczynają wywoływać stan odrętwienia. Zazwyczaj po dłuższym napięciu emocjonalnym człowiek na długo może wpaść w apatię, z której jest go trudno wyprowadzić. W tym momencie możecie spróbować zająć uczestników tej sytuacji rozwiązaniem jakiegoś zadania, związanego z logiką i niewymagającego żadnego emocjonalnego zaangażowania się. Można też wesprzeć się własną energetyką, lecz to są już aktywne metody oddziaływania energetycznego. O tym będziemy mówić później. Lidera natomiast w tym momencie już nie sposób powstrzymać przed wystąpieniem, ponieważ dla niego został już w najlepszy sposób przygotowany grunt.

Krok 1d.

Ostatnia faza rozwoju wydarzeń – bezpośrednie wystąpienie lidera, „marionetki". W tym momencie wszystkie próby oddziaływania na otoczenie już nie mają sensu: audytorium jest odrętwiałe i was nie słyszy. Wchodzicie w bezpośrednie starcie z ich liderem, stając z nim twarzą w twarz. Jeśli nie chcecie wycofać się, pozostaje inne wyjście: odebrać mu inicjatywę i uzyskać ten efekt, na który on liczył. Lecz zwykłe działania, na zwyczajnym poziomie socjalnym, nie odniosą tu skutku, ponieważ metody „marionetek" są bez zarzutu: zostały zaprogramowane i są stale wzmacniane przez patologiczne pole energoinformacyjne. Należy przede wszystkim odciąć lidera od źródła zasilania.

Przechodząc do drugiego rodzaju pasywnego oddziaływania na ludzi, należy powiedzieć o słabości wyrywającej się do władzy „marionetki". Sęk w tym, że bez wsparcia patologicznego energoinformacyjnego środowiska tacy ludzie okazują się całkowicie bezsilni. Pozostawioną bez zasilania „marionetkę" można porównać z drzewem wyciągniętym z ziemi i wkopanym w piasek: przez jakiś czas będzie wyglądało jak żywe, a potem zwiędnie. A więc drugim sposobem oddziaływania na ludzi jest odcięcie konkretnego człowieka od sterujących nim potoków.

Przykładów demonstrujących zależność „marionetki" od zasilającego środowiska jest mnóstwo. Z podobnym zjawiskiem spotykamy się prawie codziennie. Ktoś, kto otrzymał kierownicze stanowisko po znajomości, nigdy nie mógłby tego osiągnąć bez solidnego wsparcia ze strony określonej części swojego otoczenia, które stworzyło dla niego sprzyjające pole energoinformacyjne. Ci, którzy nigdy by go nie poparli, znajdując się pod wpływem tego samego pola, przebywali w stanie „zaniemówienia". Ten człowiek będzie zajmować stanowisko dopóty, dopóki energia tego pola będzie go wspierać. Jeśli zaś zasilanie nagle się skończy, wydarzy się rzecz następująca: „marionetka" runie z wysokiego stanowiska i zatrzyma się na innym, o wiele niższym niż to, które obejmowała wcześniej. Na tym stanowisku w dalszym ciągu będzie przejawiać te cechy swojej natury, dzięki którym potrafiła przecisnąć się do władzy i długo ją utrzymywać. Z tą tylko różnicą, że na poprzednim miejscu te cechy były postrzegane jako coś naturalnego i oczywistego, natomiast w aktualnej sytuacji podobne zachowanie się będzie już nieadekwatne i wywoła odpowiedni opór ze strony kolegów, ponieważ nowe dla niego pole już nie jest mu przyjazne.

Samo w sobie odcięcie „marionetki" od pasożytniczego zasilania energoinformacyjnego pola jest sprawą dość prostą. Najważniejsze to umieć wybrać odpowiedni moment, w przeciwnym razie wszystkie wasze działania nie odniosą skutku. Optymalnym momentem do wystąpienia będą te minuty, gdy wasz przeciwnik do niego się przygotowuje, gdy zbiera się, by zacząć mówić. W tym momencie zdecydowane działanie to połowa sukcesu.

Rozpatrywany wcześniej przykład zaawansowanego konfliktu między synową a teściową pokazuje nam przede wszystkim udane odcięcie przeciwnika od jego zasilającego środowiska w tym momencie, gdy przeciwnik już działa. Gdyby moja koleżanka powiedziała chociaż jedno słowo sprzeciwu, wtenczas nawiązałaby bezpośredni kontakt z pasożytniczym środowiskiem i przez to tylko dolałaby oliwy do ognia. Zwycięskiemu rozstrzygnięciu tej sprawy sprzyjało i to, że rozmowa odbyła się bez świadków, pod nieobecność pozostałych członków rodziny, w związku z czym teściowa nie mogła liczyć na zasilenie od nikogo prócz synowej. A ponieważ to „podłączenie" zawiodło, automatycznie nastąpiło krótkie spięcie, w rezultacie którego lider został wybity z reżimu pracy. Oczywiście gdyby ta młoda kobieta działała świadomie, sytuacja nie przybrałaby tak ostrej formy. Gdyby zauważyła moment zmiany aur domowników, mogłaby uniknąć wszystkich następujących po sobie konfliktowych sytuacji. Lecz sam fakt odcięcia „marionetki" od pasożytniczej istoty w momencie jej wystąpienia świadczy o bardzo mocnym oddziaływaniu, którego udało jej się dokonać.

- ***System nawyków DEIR*** Stopień 3.

Krok 2. Aktywne odcięcia pasożytniczego i energetycznego podłączenia u innej osoby

Na poziomie energetycznym w celu odcięcia możemy zastosować trzy techniki. Do prawidłowego i skutecznego ich zastosowania dobrze jest przypomnieć sobie funkcje i właściwości poszczególnych czakramów, a także metod sterowania strumieniami własnej energii. O tym dokładnie napisano w poprzednich dwóch książkach.

Istota pierwszej metody polega na tym, by na jakiś czas lub na stałe odłączyć energetyczne zasilanie „marionetki" od systemu podłączeń pasożytniczych. Robimy to następujący sposób: skupiamy swoją energię w Adżnie, przez jakiś czas wzmacniamy ją i podnosimy jej poziom, po czym przez mocne ukierunkowane uderzenie z niej energii, blokujemy Adżnę swojego przeciwnika. Wywoła to krótką dezorientację. Jeśli zauważycie podłączenia do środowiska pasożytniczego w postaci ciemnego kanału energetycznego, wychodzącego z Adżny lub Sahasrary „marionetki", możecie po prostu go odciąć z pomocą tego samego promienia skoncentrowanej energii ze swojej Adżny.

Gdy tylko to zrobicie, zasilanie ustanie. Wasz przeciwnik nieświadomy tego, co się stało, jest całkowicie zdezorientowany, wy natomiast odzyskujecie możliwość działania. Naturalnie należy wszystko zaplanować jak najlepiej, aby nie marnować czasu na darmo, ponieważ w takim stanie nie będzie przebywać wiecznie. Zazwyczaj to trwa około trzydziestu sekund, a w najlepszym wypadku minutę lub trochę dłużej, lecz przy prawidłowym obliczeniu czasu i sił wystarczy, by się wypowiedzieć i obrócić sytuację we właściwym dla nas kierunku.

Druga metoda jest bardziej skomplikowana i wymaga większego wysiłku z waszej strony. Wasza otoczka energetyczna, stworzona w trakcie opanowania I stopnia systemu DEIR, jest bardzo mocna i tworzy barierę nie do przekroczenia z zewnątrz. Jak pamiętacie, powstała ona z zamkniętych potoków energii górnych i dolnych czakr. W trudnych sytuacjach radzimy ją wykorzystać.

Umieszczając swojego przeciwnika w zamkniętej pętli wyrzuconej z waszej otoczki, możecie w ten sposób odciąć jego połączenie patologiczne z otaczającym środowiskiem. Podobnie jak w pierwszym przypadku w ten sposób „marionetka" zostanie bez zasilania.

Istnieje jeszcze trzecia metoda, ciekawsza. Pozwala ona zyskać na czasie tyle, ile potrzebujecie na całą swoją akcję.

Poszerzcie swoją otoczkę energetyczną tak, by zmieściła dwie osoby. Zróbcie w niej otwór, by można było wpuścić w nią przeciwnika. Gdy tylko znajdzie się wewnątrz otoczki, zamknijcie otwór.

Teraz „marionetka" została nie tylko odcięta od swojego pasożytniczego pola, lecz znalazła się w bezpośredniej sferze waszego oddziaływania. Nie oszczędzajcie swojej energii, wówczas wasz przeciwnik zostanie całkowicie zdezorientowany. Trzymajcie go tam tyle, ile potrzebujecie do realizacji waszego celu, lecz potem nie zapomnijcie odłączyć go ze sfery waszej energetyki. Oczywiście stosowanie tej metody wymaga większego doświadczenia i wysokich nakładów energii, lecz jak przekonacie się w przyszłości, jest tego warta.

ROZDZIAŁ 2.

AKTYWNE ODDZIAŁYWANIE ENERGETYCZNE: ZASTOSOWANIE I PRZYDATNOŚĆ

Sterowanie aktywne – techniki siłowe

Do tej pory mówiliśmy tylko o energetycznie pasywnych metodach sterowania, czyli regulowaniu działania innych ludzi bez sterowania na poziomie energoinformacyjnym. Jeśli jesteście wystarczająco biegli w sztuce komunikacji, możecie ograniczyć się tylko do nich. Lecz w tym wypadku będziecie musieli samotnie walczyć o osiągnięcie swojego celu. Aktywna rola będzie należała tylko do was. Zjednacie sobie innych, zrealizujecie swoje plany za cenę własnego samozaparcia. Aktywnych pomocnych działań ze strony innych nie będzie. Jeśli nie zadowalają was rezultaty waszej ingerencji w dane wydarzenia lub uważacie, że sytuacja przerasta wasze możliwości, możecie zastosować sterowanie aktywne. Siłowe oddziaływanie, którym wyróżnia się aktywne sterowanie, jest już z pewnością na wasze siły. Lecz na wstępie chcę ostrzec was przed niepotrzebnym marnowaniem sił i energii. Oczywiście wszystko, o czym będziemy mówić, jest na miarę waszych możliwości. Jednak myślę, że zgodzicie się ze mną, iż z łatwymi problemami trzeba umieć dawać sobie radę przy pomocy prostych środków. Nie wolno leczyć zwykłego przeziębienia i ostrej formy zapalenia płuc tymi samymi lekarstwami. A gdy prosty środek nie zadziała, trzeba będzie sięgnąć po mocniejszy.

U wielu z was pojawia się pytanie: jak wygląda z punktu widzenia moralności praktykowanie aktywnych sposobów sterowania ludźmi, którzy w zasadzie nie mogą przed tym się obronić? Wasze możliwości, owszem, przerosły wszystkie możliwości zwyczajnego człowieka, którego zdolności nie zostały jeszcze rozwinięte. Czy mamy prawo wpływać na osobowość człowieka, na jego wybór własnej drogi? Tym bardziej w sposób tak nietradycyjny. Te pytania są bardzo poważne. Dotyczą słuszności wszystkiego, o czym będziemy mówić na stronach tej książki. I dlatego wymagają równie poważnej odpowiedzi.

Po pierwsze, większość osób dąży do kierowania innymi ludźmi – jedni w większym, inni w mniejszym stopniu. W sumie jest to normalne dążenie i wy też nie stanowicie tu wyjątku. Lecz w odróżnieniu od innych osób jesteście bardziej świadomi, przewidujący, dalekowzroczni, a cele, do których zmierzacie, nie są drobne ani próżne i wszystkie wasze poczynania wypływają z dobrych pobudek.

Po drugie, jeśli nie pozwolicie strukturze pasożytniczej rozrastać się, wasze działania przyniosą otoczeniu tylko dobro. Oczywiście nie doczekacie się podziękowania, ponieważ nikt was nie zrozumie, nie doceni i mało prawdopodobne, by ktoś się dowiedział o waszych działaniach, a jednak proszę się zastanowić: jeśli nie przejmiecie inicjatywy, przejmie ją ktoś inny. Przecież dla człowieka charakterystyczne jest dążenie do władzy. W tym wypadku skutki mogą się okazać bardzo niedobre dla tych osób, z kierowania którymi zrezygnowaliście. Więc wybór należy do was: zmienić sytuację lub pozostawić wszystko bez zmian.

A więc aktywne sterowanie to bezpośrednie oddziaływanie poprzez własną energetykę. Aktywne sterowanie łączy w sobie kilka elementów, z których pierwszy to skierowanie uwagi na przedmiot lub problem, drugi to świadome opracowanie informacji w stadium podejmowania decyzji i trzeci etap – działanie. Najprostszy przykład: idziecie na zakupy. Wcześniej musieliście zauważyć, że wasza lodówka niedługo całkowicie opustoszeje; później uświadamiając sobie, że jeszcze trochę i w domu nie będzie nic do jedzenia, zaczynacie zastanawiać się, jakie konkretnie produkty chcielibyście kupić. I dopiero po tym wyruszacie do sklepu i kupujecie wszystko, czego potrzebujecie. Odpowiednio – jeśli chociaż jeden z etapów zostanie pominięty, rezultat będzie zerowy. Wszystkie trzy etapy trzeba wykonać, lecz zacząć naturalnie należy od pierwszego.

Manipulacja uwagą

Wykorzystywanie uwagi nie jest wcale aktem pasywnym, jak to się może wydawać, lecz aktywnym działaniem. Aby to działanie było w ogóle możliwe, na ten cel zostaje przeznaczony określony stały zapas energii dosyć wrażliwej na oddziaływanie z zewnątrz. Nieprzypadkowo ludzie emocjonalni, wrażliwi, jak również dzieci łatwo ulegają czyimś wpływom. Tak więc jeśli kiedykolwiek kontakt z jakimś człowiekiem wywarł na was niesamowite wrażenie, można twierdzić, że zostało dokonane umiejętne oddziaływanie na wasz zapas energii.

Ten zapas energetyczny gromadzi się w określonym miejscu, około dwóch palców powyżej nasady nosa (czakry Adżny), i zużywa się przy każdym, nawet najbardziej nieznacznym, poruszaniu się uwagi. W związku z tym gdy uzyskacie nad nim kontrolę, wtenczas będziecie mogli otrzymać kontrolę nad całym procesem, ponieważ w ten sposób zapanujecie nad uwagą przeciwnika. Od razu należy powiedzieć, że wszystkie metody sterowania uwagą stanowią całkiem dobry sposób natychmiastowego rozwiązywania trudnych problemów. Wszystkie techniki sterowania uwagą stanowią w istocie warianty tej samej metody, która nazywa się „Adżna blokowaniem". Metoda jest bardzo stara, wspomina się o niej nawet w starożytnych chińskich źródłach. Polega na mocnym przebiciu lub odprowadzaniu magazynu energii. Gdy hipnotyzer zaprasza dowolną osobę z widowni, wprowadza ją w trans i nie mówiąc nic, zmusza do wykonania określonych czynności (zbieranie grzybów na scenie, powtarzanie jego ruchów, robienie czegoś, czego w realnym życiu uczestnik pokazu nigdy by nie chciał i nawet nie potrafił), wykorzystuje w tym wypadku „Adżnę blokowania". To oddziaływanie jest bardzo mocne. Pozwala zapanować nawet nad funkcją ruchową człowieka.

Stosować je należy tylko w sytuacji, gdy stawka jest bardzo wysoka i jesteście mocno ograniczeni w czasie. Radzimy tak dlatego, że ta technika pociąga za sobą mnóstwo skutków ubocznych, ponieważ zawsze towarzyszy jej powstawanie wokół was wysokiego napięcia. Już nie uda się wam w żadnym wypadku zachować chociaż pozorów pokoju i harmonii. Otoczenie źle toleruje podobne ingerencje siłowe. Może ono nawet nie zdawać sobie sprawy, z jakiego powodu pojawiło się w powietrzu napięcie, lecz odczuje je na pewno i wyrazi w tej czy innej formie swoje uczucia.

Dobrze wiecie, jak negatywnie reagują ludzie na najmniejszą próbę stłumienia ich indywidualnych dążeń. Bardzo tego nie lubią zarówno dorośli, jak i dzieci. Typowa sytuacja: rodzice i nauczyciele próbują nauczyć rozumu sprawiającego problemy nastolatka. Przeprowadzane jest zmasowane oddziaływanie poprzez dobro, jak i zło, a rezultaty opłakane. Zazwyczaj nastolatek odpowiada rozdrażnieniem, złością, a skutek tych poczynań jest zerowy. Dorośli z reguły reagują bardziej powściągliwie, lecz obie strony widzą w tym próby pozbawienia ich poczucia własnej godności.

Przyzwyczailiśmy się tłumaczyć to z pozycji psychologii. Coś w rodzaju: tłumione jest „JA" człowieka, człowiek zostaje ograniczony w wolności wyboru itd. To wszystko prawda, lecz jeśli spojrzymy na ten proces z pozycji ludzkiej energetyki, okaże się, że wygląda to zupełnie inaczej. A więc robimy to w następujący sposób: przywołajcie centralny, wschodzący potok energii (w pierwszej książce DEIR dokładnie opisywaliśmy, jak to robić). Poczujcie, jak wyrywa się on przez Adżnę. W pierwszej książce proponowałem wykorzystanie obrazu przełącznika. Jest to obraz dźwigni z ciężarkiem na końcu, oś której przechodzi przez podstawę czaszki. Jeśli przewrócimy ją do przodu, rozpocznie się oddawanie energii przez Adżnę. Przesunięcie jej do tyłu spowoduje pobieranie energii. Potrzebujecie mocnego, skoncentrowanego potoku energii. Można go porównać nawet do żelaznego pręta. Wbijcie go jak szpadę w okolicę czakry Adżny waszego przeciwnika. W pierwszym momencie poczujecie pewien opór. Zwiększając intensywność waszego oddziaływania, stłumcie ten opór swoją energią. Po bardzo krótkim czasie zauważycie, że opór wyczuwalnie osłabł. Potok waszej energii jakby wpadł do Adżny „tarczy". To odczucie jest bardzo żywe, nie sposób go nie zauważyć. Kontynuujcie oddziaływanie tak długo, aż poczujecie, że przeciwnik gotów jest wam się podporządkować, podobnie jak wasza własna ręka lub noga. Gdyby w tym momencie zrobić zdjęcie waszej aury, przeciwnik wyglądałby na nim jak wasze własne przedłużenie. W procesie oddziaływania lepiej jest (chociaż niekoniecznie) patrzeć przez cały czas na przeciwnika. Gdyby sytuacja na to nie pozwalała, postarajcie się przynajmniej zachować w pamięci jego obraz (o wiele łatwiej oddziaływać na przeciwnika pozostającego w zasięgu wzroku).

„Tarcza" w tym momencie stanowi wasze przedłużenie nie tylko na zdjęciu. Jest waszą poszerzoną energoinformacyjną istotą. W czasie waszego oddziaływania ona sama w sobie już nie istnieje.

Dla tarczy jesteście źródłem nie tylko aktywności ruchowej, ale i wszystkich myśli, emocji, pragnień i potrzeb. Przez ten odcinek czasu stanowicie jedność, ale bezsprzecznie jesteście liderem.

Teraz możecie przekazać „tarczy" każdy impuls w ten sam prosty sposób, w jaki przekazujecie impuls waszej ręce czy nodze (każde pragnienie, emocje, uczucia, obraz, działanie itp.). Możecie zmusić ją do odwrócenia uwagi, utraty myśli, zainteresowania jeszcze przed chwilą zajmującym ją procesem, powiedzenia czegoś niekorzystnego itd. Należą do was wszystkie energoinformacyjne procesy zachodzące w ciele waszego przeciwnika. Jest wasz!

Nie przesadzając, podobne sterowanie staje się możliwe, gdy następuje moment całkowitego podporządkowania „marionetki". W tej metodzie najważniejsze to nauczyć się zauważać jego początek. Nie jest to łatwe i wymaga dłuższych ćwiczeń, lecz jedno można powiedzieć z pewnością: po pierwszej udanej próbie blokowania Adżny nigdy nie pomylicie tego wrażenia z żadnym innym.

Jak powiedziano, na początku oddziaływania jest odczuwany dość silny opór ze strony tarczy. Praktykujący blokowanie Adżny czasem porównują je do niewidocznej dla oka ściany, gęstość której może na początku nawet wzrastać. Powstaje ona na skutek zderzenia waszego oddziaływania z energetyką tarczy. Ściana może się powiększać aż do kilku metrów. Ludzie znajdujący się w sferze ściany wyczuwają jakieś szczególne napięcie, które przejawia się zwiększoną nerwowością lub, rzadziej, przygnębieniem. Dlatego jeśli jesteście całkowicie przekonani, że nikt nie będzie wspierać „marionetki", lepiej wybrać takie miejsce w pomieszczeniu, by w waszym zasięgu nie znalazły się przypadkowe osoby.

Czas trwania oporu może zależeć od różnych przyczyn. Główna z nich to własna energetyka tarczy, pole energoinformacyjne ją wspierające i naturalnie siła waszego oddziaływania. Na początku opór może wzrastać, lecz nie traćcie opanowania – kontynuujcie oddziaływanie, w żadnym wypadku go nie osłabiając. W przeciwnym razie „marionetka" może wymknąć się spod kontroli. Jeszcze chwila i poczujecie, jak ściana, którą mogliście dosłownie wyczuć ręką, zaczyna zanikać, jakby powoli rozpływać się.

Jeśli w tym momencie popatrzycie na tarczę, zauważycie gwałtowną zmianę w jej zachowaniu. Ponieważ oddziaływanie trwa krótko, taka zmiana bardzo rzuca się w oczy. Wszystko, co wyróżniało waszego przeciwnika jeszcze minutę temu, gdzieś zanikło. Dla odmiany pojawiły się uległe, apatyczne spojrzenia, pewna ospałość, spowolnione ruchy. Taki człowiek może wyglądać tak, jakby dostał porządnego kopniaka i wciąż nie mógł oprzytomnieć.

Gdy pojawią się te wszystkie symptomy, będzie to znaczyło, że właśnie nastąpił ten moment, o który walczyliście. Ten, kto oddziałuje, w tym momencie odczuwa wzlot psychiczny i emocjonalny i tu nie chodzi tylko o to, że sukces został osiągnięty: praktycznie każdy sukces wywołuje podobne emocje. Z punktu widzenia energetyki oddziałujący powiększył się, w pełni więc odczuł możliwości przebywania poza granicami swojego stanu. Takie są szczegóły klasycznego zastosowania blokowania Adżny. Jak już mówiłem, ten klasyczny wariant jest dość niewygodny – w zasadzie stanowi skrajny stopień energoinformacyjnej agresji. Dlatego w naszym systemie DEIR kładziemy większy nacisk na te warianty blokowania Adżny, które można przeprowadzić szybko i maksymalnie niezauważalnie, tak dla tarczy, jak i dla otoczenia.

• *System nawyków DEIR* Stopień 3.

Krok 3. Przekazanie punktowych impulsów

A teraz rozpatrzmy jeden z wariantów blokowania Adżny: przekazanie punktowego impulsu. Od klasycznej ta technika różni się tylko tym, że nie trzeba oddziaływać aż do całkowitego zablokowania „marionetki" – podłączać się do jej magazynu energii, pozbawiać ją przez cały czas oddziaływania, możliwości samodzielnego myślenia i działania. Wystarczy wprowadzić chwilowe zaburzenie. Niemniej jednak do przekazywania punktowego impulsu należy opanować technikę blokowania Adżny. Tajemnica sukcesu w stosowaniu tej metody tkwi w umiejętności odbierania bez trudu stanu Adżny „marionetki". Trzeba wiedzieć, że rezerwowy zbiornik energii przeznaczony do manipulacji uwagą człowieka znajduje się w ciągłym ruchu: na zmianę zamyka się i ponownie staje się dostępny.

Technika przekazywania punktowego impulsu jest następująca: gdy tylko poczujecie, że zbiornik energii został otwarty, dotknijcie go potokiem energii ze swojej czakry Adżny – lekko i szybko, zupełnie nieodczuwalnie dla innych. Wasze działania rozproszą uwagę „marionetki".

Zastosowanie tej techniki może całkowicie wystarczyć, by zyskać na czasie i sprawić, by wydarzenia zaczęły się rozwijać w potrzebnym wam kierunku.

Przecież gdy nawet na kilka minut uda się wam odwrócić uwagę waszego przeciwnika, będzie mu dość trudno wrócić do poprzedniego stanu, nawet jeśli wasze oddziaływanie już się skończyło. Rozwój wydarzeń nie będzie na niego czekać. Gdy zaś powróci do poprzedniego stanu, inicjatywa nie będzie już należała do niego. Muszę powiedzieć, że rezultaty podobnej ingerencji przekraczają wszelkie oczekiwania.

Przykładem takiej nieoczekiwanej skuteczności może służyć następujący wariant rozwoju sytuacji: na posiedzeniu rady naukowej musiałem zneutralizować osobę, która miała zamiar wystąpić przeciw przyjęciu ważnego projektu. Po krótkim, ale mocnym oddziaływaniu na energetyczną rezerwę uwagi, zaproponowałem jej, aby przejrzała artykuł, w którym ten problem był opisywany z innego punktu widzenia. Dzięki przeprowadzonemu zabiegowi tarcza została na dwie minuty wyłączona z całego biegu wydarzeń. Lecz po tym stała się rzecz bardzo ciekawa: oddziaływanie już dawno było zakończone, a ta osoba w dalszym ciągu siedziała zatopiona w lekturze.

Dzieje się tak nie z powodu samego zastosowania tej techniki, lecz dlatego że wiele osób ma trudności z przełączaniem się z jednego rodzaju czynności na inny. Właśnie z tego powodu możemy czasem pochłonięci książką przegapić przystanek lub tak wciągnąć się w grę w piłkę czy tenisa, że zapomnimy o ważnym programie w telewizji itd. Tak często występujący skutek stosowania przekazywania impulsu punktowego to jeszcze jeden plus na korzyść tej techniki. Działanie dotyku punktowego można uważać nie tylko za łagodniejszy sposób aktywnego sterowania w porównaniu do blokowania Adżny, ale i w większości przypadków bardziej strategiczny, ponieważ nie wymaga znaczących wydatków własnej energii, nie wywołuje również jakichkolwiek napięć w otoczeniu. Lecz jak już rozumiecie, punktowe oddziaływanie wymaga większych umiejętności i subtelnego czucia energii (subtelnego zrozumienia istoty rozwijających się zdarzeń).

- ***System nawyków DEIR*** Stopień 3.

Krok 4. Odprowadzanie energii

Jeszcze jeden przykład bezwzględnego oddziaływania energetycznego polega na elementarnym odprowadzeniu energii od waszego przeciwnika. Ten sposób wykorzystuje się po to, by wywołać zamieszanie i niepokój przeciwnika i całkowicie zbić go z nóg. Technika jest szczególnie skuteczna wtedy, gdy powstaje konieczność jakiegokolwiek działania na oczach większej ilości widzów.

Na pewno spotykaliście osoby, które zawsze wygłaszały tylko poprawne, czasem tak gładkie, że aż wywołujące mdłości przemówienia. Tacy ludzie to przeważnie dobrze wychowani erudyci, ich słowa są nadzwyczaj ułożone i powściągliwe, nigdy nie pozwolą sobie powiedzenie czegoś nieeleganckiego lub podwyższenie głosu. Lecz patrzycie na takiego człowieka i myślicie tylko o tym, dlaczego ta przyzwoita pod każdym względem osoba nie budzi w nas ani krzty sympatii. Dlaczego jest tak skupiona na swojej poprawności, że nie stać jej na najprostszy przejaw jakichkolwiek ludzkich emocji? Dla was taki człowiek nie jest żywy i wydaje się, że z kontaktu z komputerem, który również nie popełnia błędów, byłoby równie wiele pożytku. W ostateczności taki człowiek nie porwie was za sobą. Dlaczego więc jest taki?

Najprawdopodobniej ktoś pozbawia go energii przysparzającej mu uroku. Innymi słowy ten ktoś go „wampirzy". Stanie się to oczywiste, jeśli uda się wam zobaczyć jego aurę. Jakiekolwiek idee wysuwane przez nieenergetyczną osobę (osobę pozbawioną energii), nawet najciekawsze, nigdy nie będą odbierane w odpowiedni sposób; można je porównać z sałatką z najświeższych warzyw, ale bez przypraw, oleju, octu itd. – wydaje się, że wszystkie składniki są dobre, ale razem nie do zjedzenia. Z tego wynika, że metoda odprowadzania energii może być skutecznym środkiem sterowania ludźmi.

Zadajemy sobie pytanie – jak zachowuje się człowiek, któremu brak energii życiowej? W jaki sposób zachowujecie się, gdy nagle zaczynacie źle się czuć? Gdy nie wyspaliście się i przewracacie się ze zmęczenia? I najważniejsze – jak jesteście postrzegani wtenczas przez otoczenie? Otaczającym was ludziom przeważnie jest obojętny wasz stan wewnętrzny i te problemy, które przeszkadzają wam być w dobrej formie. Dla nich zawsze musicie być aktywni, energiczni, w pełni sił, tym bardziej gdy uważa się was za lidera. Jeśli człowiekowi ustawicznie brakuje tych cech, to bardzo prawdopodobne, że ktoś do niego się podłączył i należy szukać sposobów ochrony. Lecz wam, drodzy czytelnicy, na danym etapie waszego rozwoju w żadnym stopniu to już nie grozi.

Człowiek może rzeczywiście pracować w pocie czoła i mieć przed oczami jeden jedyny cel – osiągnąć sukces. Lecz gdy mu źle, wówczas ma jedno pragnienie – doczołgać się do łóżka i zapomnieć o całym świecie. Z boku powstaje wrażenie, że temu człowiekowi jest obojętne wszystko, co mówi i czyni. Trudno z tym się nie zgodzić, tym bardziej że w tym momencie on ledwie mówi, porusza się powolnie, ospale, z trudem przenosząc wzrok z jednego przedmiotu na inny. Wydaje się w ogóle wyłączony z życia i w taki sposób jest postrzegany przez otoczenie – jako człowiek wahający się, nieaktywny, raczej niezaangażowany w tej konkretnej wspólnej sprawie i co najważniejsze, nieszczery. Co więc z tego wynika? To, że nikt za nim nie pójdzie.

Człowiek niezależnie od tego, czy ma rację, czy jej nie ma, porwie za sobą ludzi tylko pod tym warunkiem, że osobiście jest pełen wiary w swoje idee, jeśli sam jest maksymalnie szczery i energiczny. Nieprzypadkowo tacy ludzie jak Hitler, Lenin czy ktoś z naszych współczesnych działaczy politycznych potrafili dojść do władzy: sami fanatycznie wierzyli w to, co mówili, i w tym byli bezkrytycznie szczerzy. Prawidłowość zaś ich poglądów nie mogła być zweryfikowana przez większość ludzi chociażby dlatego, że niestety dla naszego otoczenia liczy się przeważnie nie to, co mówimy i czynimy, a to, w jaki sposób to robimy. Z tego wynika, że nawet jeśli wierzycie w to, co mówicie, lecz mówicie o tym bez przekonania, beznamiętnie, bez wiary w głosie, to nie obrażajcie się – wam również nikt nie uwierzy. Chcemy tego czy nie, jest to zasada, która zawsze działa.

Z tego powodu technika, o której będziemy za chwilę mówić, jest nadzwyczaj korzystna dla oddziaływania na otoczenie. Nie będziemy znów rozwodzić się nad zastosowaniem jej w kategoriach moralnych, dla nas jest ważne zrozumienie mechanizmu tego procesu, poza tym taki sam instrument, powiedzmy nóż, może posłużyć jako narzędzie zbrodni lub też jako najbardziej bezpieczny przyrząd do krojenia chleba. Co się tyczy was, sami już wiecie, że stosowanie tych technik jest dopuszczalne tylko w najlepszej wierze.

Przejdźmy wreszcie do techniki odprowadzenia energii.

Przede wszystkim aby doskonale opanować technikę odprowadzenia energii od waszego przeciwnika, należy być biegłym w stosowaniu przełącznika, o którym była mowa wcześniej. Musicie umieć szybko i łatwo tworzyć w swojej świadomości wyraźne odczucie dźwigni, której oś jest usytuowana wewnątrz waszej czaszki. Gdy tylko ten obraz będzie powstawać w waszej świadomości zawsze, gdy będziecie tego chcieli, można uważać, że połowa pracy jest za wami. Teraz spróbujcie skojarzyć go ze swoją czakrą Adżną. Nie jest to trudne i na pewno szybko nauczycie się to robić. Zresztą robiliście to na pierwszym stopniu DEIR. Wyczujcie więź powstałą między dźwignią a Adżną. Odczucie przełącznika musi być tak samo wyraźne jak odczucie własnej ręki lub nogi. Podobnie jak noga lub ręka, ten przełącznik musi być wam posłuszny. W pierwszej naszej książce była mowa o technice sterowania ciałem astralnym – przypomnijcie ją sobie – ułatwi to opanowanie danej techniki.

Jeśli odczuwacie ten przełącznik przekręcony do przodu, wówczas zachodzi potężne wysyłanie energii przez Adżnę, jeśli do tyłu – intensywny jej pobór. Za pomocą tego narzędzia możecie nie tylko zabierać rezerwę energii niezbędnej waszemu przeciwnikowi do koncentracji, ale i na jakiś czas wyłączać jego pozostałe czakry. Jeśli na przykład spowoduje się u „marionetki" zmniejszenie ciała eterycznego na poziomie splotu słonecznego, wtenczas wbrew wszystkim używanym przez nią argumentom, jej wystąpienie nie będzie przekonujące i przez nikogo nie zostanie potraktowane serio. Jeśli zaś wykona się analogiczny zabieg na poziomie łopatek, utraci ona na dłuższy czas zdolność do konkretnego działania, co samo w sobie przeszkodzi jej w osiągnięciu celu.

Tej techniki, podobnie jak techniki blokowania Adżny w klasycznym wariancie, nie polecam do częstego stosowania. Nadaje się ona wtedy, gdy na pewno przyniesie korzyść. Chodzi o to, że w pewnym sensie odgrywacie tu rolę wampira – wysysacie cudzą energię. W samej umiejętności nie ma nic złego, ponieważ sytuacje zdarzają się różne, lecz w ogóle – myślę że ze mną się zgodzicie – nie ma potrzeby, mając tak nieograniczone zapasy energii, by przyzwyczajać swoje ciało i świadomość do zasilania się przez kogoś. Cała istota wampiryzmu polega na poszukiwaniu i wykorzystywaniu ludzi do ochrony i jako źródła energii. Ten, kto stale to praktykuje, może wpaść w nałóg wysysania i kradzieży energii od tych, którzy łatwo na to zezwolą. A ponieważ zajmować się wampiryzmem w pewnym sensie jest łatwiej, niż produkować energię samodzielnie, wykorzystując własny poziom samoświadomości, może przerodzić się to w negatywne przyzwyczajenie i wtedy nabyte nawyki podtrzymywania własnej samowystarczalności spełzną na niczym (tu może odrobinę przesadzam, gdyż ci, którzy przyswoili pierwszy i drugi stopień DEIR, są w wystarczającym stopniu doświadczeni, aby uniknąć jakiegokolwiek przyzwyczajenia, natomiast człowiek nieprzygotowany jak najbardziej może doznać bardzo nieprzyjemnych skutków).

Istnieje jeszcze jeden powód, dla którego nie warto nadmiernie pasjonować się wampiryzmem: energia, którą zabieracie tarczy, najprawdopodobniej jest dość zanieczyszczona. Korzystając z niej świadomie ładujecie się fragmentami programów waszego przeciwnika, z którym przecież weszliście w ukryty konflikt.

• ***System nawyków DEIR*** Stopień 3.

Krok 5. Przekazywanie nadwyżek energii

Wariantem poprzedniej techniki, tylko ze znakiem przeciwnym, jest przekazywanie „marionetce" nadwyżek własnej energii. Również robimy to za pomocą przełącznika wschodzącego potoku energii (oczywiście ci, którzy opanowali pierwszy stopień DEIR, rozumieją, że przełącznik sam w sobie służy do wygody ogniskowania wschodzącego potoku energii).

Jak pamiętacie, przy przesunięciu dźwigni do przodu uruchamia się proces wysyłania energii przez czakrę Adżnę – właśnie tego teraz potrzebujemy. Tworzycie potężny promień energii wschodzącego potoku z własnej Adżny i kierujecie go do swojej „tarczy". Jest to krótkie, lecz bardzo mocne oddziaływanie, prawie tak mocne jak przy blokowaniu Adżny, z jedną różnicą – tym razem nie dążycie do stłumienia przeciwnika. Wręcz przeciwnie, tym razem waszym zadaniem będzie bezwarunkowe dzielenie się swoją energią. Najlepiej jest tworzyć nadwyżkę energii w czakrze szyi „tarczy", bliżej pleców.

Prawidłowo zastosowana technika podwyższa poziom niepokoju „marionetki". Szczególnie dobre efekty powstają, gdy macie do czynienia z osobami łatwo wpadającymi w przerażenie, chaos, podejrzliwość. Tacy zazwyczaj nie są zbyt pewni siebie, ale nadzwyczaj energiczni. Czasem patrzycie na nich i się dziwicie: skąd w takim wątłym ciałku (większość nerwowych osób wyróżnia się szczupłą budową ciała) tyle energii? Skąd bierze siły, by kręcić się jak bąk, wszędzie się wtrącać i bez przerwy gadać? Od razu powiecie, że cała ta działalność wynikająca z nadwyżki energii w okolicy szyi i splotu słonecznego i jako skutek, chaotyczność zauważalna w każdym kroku „marionetki", nie prowadzą do pozytywnych rezultatów. Wysyłając do takiej osoby swoją energię, której i tak ma za dużo, wzmacniacie w ten sposób jej zachowanie i naruszacie tok myślenia. Tak więc ta metoda również stanowi niezły sposób aktywnego sterowania. Natomiast na skutek wysyłania nadmiaru energii działania waszego przeciwnika stają się chaotyczne, odpychające i naturalnie bezskutecznie.

• *System nawyków DEIR* Stopień 3.

Krok 6. Enneagram działania

Istnieje bardzo ciekawa metoda, która polega na łączeniu techniki blokowania Adżny i oddziaływania punktowego. Wasze oddziaływanie będzie bardzo krótkie, wystarczy tylko lekko potrząsnąć „tarczą", lecz przy tym przekazujecie jej nie tylko impuls energetyczny, a i niewielki program działania.

Co to jest enneagram działania? Proponuję zastanowić się nad tym wspólnie. Wyobraźcie sobie, że odpoczywacie w miękkim, wygodnym fotelu w przytulnym półmroku swojego pokoju. Siedzicie lub prawie leżycie tak już przez dłuższy czas, jest wam dobrze, ciepło, czujecie się komfortowo, ale wasz rozsądek zaczyna wysyłać do was sygnały, że czas odpoczynku dobiega końca, że jeśli zostaniecie w tym fotelu, będziecie później gorzko żałować. Jeszcze jedna, dwie minuty – i zrzucacie z siebie pled i wstajecie. A teraz zadajmy sobie pytanie: co się mieści między zamiarem wstawania i konkretnym działaniem? Na pewno to uczucie jest wam znane. Czy potrafiliście je uchwycić?

Jeśli nie, zróbcie to jeszcze dziś, gdy zmęczy was czytanie tej książki, i dobrze wyczujcie ten moment. Czym się różni sytuacja, gdy mówicie do siebie: „Już wstaję" i nie ruszacie się z miejsca, od sytuacji, gdy mówicie sobie: „Już wstaję" i natychmiast się podnosicie? W drugim przypadku powinniście żywo odczuć coś w rodzaju impulsu i wstrząsu. Ten impuls zlokalizowany jest gdzieś u podstawy czaszki lub w okolicy tyłu głowy. Tutaj znajdują się partie mózgu, odpowiadające za funkcje motoryczne organizmu człowieka; tu właśnie trafia sygnał o waszym zamiarze, i jeśli został tam wpuszczony, zaczynacie działać.

Właśnie ten sygnał, impuls, należy przekazać swojej „tarczy". Na krótki czas otwieracie Adżnę, łączycie się z „tarczą" i poprzez powstały kanał przekazujecie impuls enneagramu działania, umieszczając go w centrum głowy „tarczy". Po przekazaniu impulsu kontakt się urywa. Przy prawidłowym przeprowadzeniu zabiegu działanie tarczy musi odbywać się jednocześnie z przekazywaniem enneagramu.

Zaleta przekazywania enneagramu działania polega na tym, że technika ta jest łagodna, czyli nie powoduje napięcia w otoczeniu i nie wymaga wielkich energetycznych i czasowych nakładów z waszej strony. Na pewno nieraz zdarzyło się wam przebywać w grupie ludzi, gdzie był człowiek pozornie zachowujący całkowicie neutralną pozycję, lecz gdyby zaobserwować go dłużej i uważniej, można zauważyć, że wszystko, co się naokoło niego dzieje, pracuje na jego korzyść – i czasem kilkoma słowami lub nawet tylko wzrokiem kieruje działaniem swoich przyjaciół. Bardzo możliwe, że człowiek ten działa nieświadomie, lecz nawet w tym wypadku rezultaty są oczywiste.

Przytoczę jeden nieskomplikowany przykład z życia. Przy świątecznym stole zebrała się grupka młodzieży; wszyscy byli młodzi, towarzyscy, atrakcyjni, lecz wśród nich wyróżniała się jedna bardzo urocza dziewczyna. Przy czym obiektywnie wcale nie była ładna, wręcz przeciwnie. Lecz wydawało się, że nikt z obecnych tego nie zauważał. Wszyscy bez wyjątku, mężczyźni i kobiety, starali się jej dogodzić, przy czym, co bardzo interesujące, pozwalała ona na to, a im sprawiało to przyjemność. Dziewczyna żartowała, uśmiechała się, nie pozbawiając ani jednego uczestnika tej imprezy swojej uwagi. Nagle jej wzrok padł na jeszcze nietkniętą przez nikogo sałatkę z buraków, przystrojoną w bardzo oryginalny sposób. Półmisek był udekorowany trzema dużymi grzybami, nóżki których składały się z orzechów włoskich i suszonych śliwek, a kapelusze z połówek jaj. Po dokładnym obejrzeniu półmiska dziewczyna roześmiała się jak dziecko, spojrzała na gospodynię i powiedziała: „Wie pani, namiętnie kocham grzyby – zbierać i jeść – pod każdą postacią, szczególnie marynowane". To wystarczyło, by pani domu chwyciła się za głowę i zaczęła tłumaczyć, że zapomniała postawić na stół marynowane prawdziwki. Pobiegła do kuchni, wyłożyła grzyby na półmisek i z trudem znalazła dla niego miejsce na stole, gdyż stół był zastawiony bogato, co nieczęsto zdarzało się w tamtych czasach.

Skomentujmy to: gospodyni sama zastanawiała się, gdy przygotowywała stół, czy postawić grzyby. Postanowiła tego nie robić. Lecz wbrew swojej wcześniejszej decyzji, natychmiast po nie pobiegła. Dlaczego? Ponieważ dziewczyna mówiąc te słowa, delikatnie ją popchnęła. Dziewczyna była uczennicą mojego kolegi Desmencowa i odrabiała pracę domową (później zaczęła wykładać na kursach DEIR). Gospodyni – moja niczego niedomyślająca się siostra cioteczna – rzeczywiście nie lubi z nikim się dzielić uwielbianymi przez siebie grzybkami.

Oczywiście ten przykład to tylko przyjemny, ładny drobiazg. Życie stawia przed nami inne problemy, o wiele poważniejsze, i opisana przed chwilą technika pozwala nie tylko na pewną rozrywkę, ale i ułatwia walkę w tym skomplikowanym świecie.

Jeśli widzicie, że u kogoś z waszego otoczenia dojrzewa interesująca myśl, ale człowiek z jakichś powodów powstrzymuje się przed jej wypowiadaniem, popchnijcie go, wyślijcie mu ten impuls. Później będzie się z tego cieszyć. Jeśli zaś mające za chwilę nastąpić działanie może wam zaszkodzić, wyślijcie „tarczy" rezygnację z niego, zablokujcie tę myśl. Waszym zadaniem będzie zgaszenie tego impulsu. Jeśli wam się to uda, „tarcza" nie będzie mogła przystąpić do realizacji swojego planu.

Widzicie na przykład, że pan Kowalski (nazwijmy go tak) szykuje się do wystąpienia przeciw waszemu projektowi. Doskonale rozumiecie, że ten projekt jest potrzebny i korzystny (nawet prościej – jest potrzebny!), jego mocne strony są znane i wydawałoby się, że wszyscy powinni się cieszyć, że niedługo taki pomysł będzie zrealizowany. Idąc na posiedzenie nie spodziewaliście się przykrej niespodzianki, lecz po kilku minutach, przyglądając się otoczeniu, zrozumieliście (patrz rozdz. 1), że przeciwko wam szykuje się coś nieprzyjemnego. Niestety tak się składa, że są osoby, które wam zazdroszczą, i jeśli natychmiast nie uczynicie czegokolwiek, cała wasza praca kilku miesięcy lub nawet lat pójdzie na marne. Zastosujcie tę metodę stymulowania działań, tylko ze znakiem minus. Zakomunikujcie swojej „tarczy", że będzie lepiej dla niej, jeśli będzie siedziała cicho, zablokujcie jej impuls tak, by wasz przeciwnik w ogóle zapomniał, po co tu przyszedł.

• ***System nawyków DEIR*** Stopień 3.

Krok 7. Indukcja przeciwnego działania

Nie sposób nie opowiedzieć wam o jeszcze jednym sposobie sterowania, opanowanie którego pozwala podnieść poziom oddziaływania na otoczenie na całkowicie nowy stopień. Ma wiele wspólnego z techniką, którą już omawialiśmy – z przekazywaniem „tarczy" nadmiaru energii. Różni się natomiast od niej niuansem, który zmienia w sposób diametralny cały sens oddziaływania.

Chyba żadna z omawianych wcześniej technik nie wymaga tak poważnego przygotowania jak ta. Opanowanie jej nie tylko wiąże się z wielkim doświadczeniem, ale i z kolosalnym profesjonalizmem. Istota jej polega na zmuszaniu drugiej strony do przeciwnego działania. Na pewno zgodzicie się ze mną, że nie można wymyślić nic bardziej użytecznego. Jeśli macie wrogów lub chociażby nieżyczliwe osoby (a ma je praktycznie każdy myślący samodzielnie człowiek), dzięki tej technice będziecie mogli wykorzystać dla swojego dobra nic innego, jak ich negatywne w stosunku do was nastawienie. Trudno nawet sobie to wyobrazić! Ale zastanówmy się nad mechanizmem tego działania.

Jak wiecie, w momencie powstawania w mózgu człowieka impulsu do działania tworzy się nadmiar energii. Dzieje się tak absolutnie u wszystkich ludzi, lecz u osób ze skłonnością do niepokojów ten poziom jest zawsze wysoki. Gdy przekażecie im nadmiar energii, ich poziom niepokoju wzrasta i zaczynają się bać, działać chaotycznie, mylić się i w końcu przegrywają. Dzieje się tak w wariancie, który rozpatrywaliśmy niedawno, lecz sytuacja może rozwinąć się według innego scenariusza.

W tym momencie, gdy wykonacie mocne energetyczne pchnięcie, pobudzając waszego przeciwnika do działania, zneutralizujcie ten impuls, który on już posiada. Złożoność tej metody polega na tym, że wykorzystujecie i stosujecie dwie techniki aktywnego sterowania ludźmi jednocześnie. Lecz jeśli udało się wam to zrobić prawidłowo i błyskawicznie, w dziewięciu przypadkach na dziesięć wasze działanie zainicjuje ruch wstecz, czyli „tarcza" bez zastanowienia mówi i robi nie to, co było jej zamiarem, lecz coś całkowicie przeciwnego. Jeśli w waszym życiu zdarzały się podobnego rodzaju zaćmienia, gdy z nieznanych przyczyn w ostatnim momencie robiliście nie to, co postanowiliście, najprawdopodobniej ulegliście mistrzowskiemu oddziaływaniu z zewnątrz. Przed chwilą zapoznaliście się z przykładem zgaszenia impulsu do działania podczas posiedzenia naukowego. Człowiekowi, który miał zamiar wystąpić przeciwko przyjęciu projektu, zablokowano możliwości działania zgodnie z zamiarem; nie odezwał się on ani słowem aż do końca posiedzenia. A teraz zastanówmy się, jak mogłyby rozwijać się wydarzenia, gdyby oddziaływający umiał zastosować technikę indukcji przeciwnego działania. „Marionetka", chociaż planowała wystąpić przeciwko, najprawdopodobniej wystąpiłaby za. Gdyby wasz przeciwnik opamiętał się, na pewno byłby w największym stanie zamieszania po tym, co się stało, i wątpliwe, czy zdołałby logicznie wyjaśnić przyczynę tak nieoczekiwanego dla niego samego postępowania. Wystąpienie „marionetki" na naszą korzyść zapewne nie byłoby arcydziełem sztuki oratorskiej: wasz nowy zwolennik mówiłby chaotycznie, w sposób zagmatwany, przeskakując z jednego argumentu na drugi (niektóre osoby przy tym nienaturalnie z zapamiętaniem gestykulują). Jednym słowem wyglądałby tak, jak gdyby był w stanie nietrzeźwym. Tego rodzaju wsparcie raczej będzie wyglądało komicznie i nie przyniesie oczekiwanego skutku. Ale po pierwsze, zablokuje wystąpienie kontra, a po drugie, wniesie zamęt w szeregi pozostałych „marionetek" (w pierwszym rozdziale tej książki przeczytaliście, iż podobnego rodzaju liderzy nie powstają samoistnie i nie istnieją pojedynczo: potrzebują potężnego energetycznego wsparcia przez pole pasożytnicze).

A teraz zróbmy pewne podsumowanie. Zapoznaliśmy się z możliwościami sterowania energetycznego otoczeniem. Jeśli będziecie chcieli, możecie doprowadzić stosowanie tych technik do pełnego automatyzmu, a wtenczas staną się one niezastąpionym składnikiem waszego życia. Podobnie jak już nie wyobrażacie sobie życia bez tych umiejętności, które uzyskaliście po przeczytaniu poprzednich książek, tak niedługo metody aktywnego sterowania otoczeniem przy użyciu własnej energetyki staną się dla was całkowicie neutralne, stosowane nieświadomie. Jak już wspomnieliśmy, to wszystko zostało dane człowiekowi od urodzenia, przez naturę, dlatego też nawyki zostają tak szybko wypracowane. Trzeba tylko otworzyć się na wszystkie umiejętności, które zostały w nas zaprogramowane.

ROZDZIAŁ 3.

STEROWANIE ZA POMOCĄ MYŚLOKSZTAŁTÓW. INTENCJA, PRAGNIENIE I KONSTRUKCJE

Bezpośrednia więź między świadomościami ludzi

Te wszystkie metody oddziaływania, o których mówiliśmy do tej pory, to jeszcze nie są subtelne energoinformacyjne, a raczej tylko energetyczne techniki. Przecież stosując je, działacie nie poprzez swoją świadomość (to znaczy nie przez swoją prawdziwą istotę), ale przez energię ciała eterycznego. To są całkowicie różne rzeczy: te drugie są o wiele bardziej prymitywne (niskowibracyjne) i wymagają większych strat energii. Uniknąć tego etapu w procesie nauczania nie sposób. Przecież cały rozwój człowieka odbywa się według schematu: od prostego do złożonego.

Zdolności dane człowiekowi od urodzenia są o wiele subtelniejsze i głębsze od tych, które do tej pory wykorzystywaliśmy. Możecie nauczyć się oddziaływania na otoczenie i sterowania nim stosując elementy własnej świadomości. Skutek podobnego oddziaływania będzie o wiele lepszy.

Poza tym wszystkie niskowibracyjne techniki mają jedną istotną wadę: mogą być wykorzystywane tylko przy rozwiązywaniu zadań krótkoterminowych. W życiu zazwyczaj dzieje się tak, że jeśli nie widzicie przed sobą perspektywy (a wasze otoczenie może bardzo skutecznie temu przeszkadzać), realizacja najbliższych celów po prostu nie ma sensu. Zgódźcie się, że wszystkie przykłady, które do tej pory zostały przytoczone, to są albo stopnie, które należy pokonać, aby wyjść na wielką arenę, albo środki do rozwiązywania sytuacji krytycznej, do której naturalnie lepiej nie dopuścić. Dlatego teraz należy zapoznać się z długoterminowymi metodami sterowania. Te metody mogą w o wiele większym stopniu pozytywnie wpłynąć na wasz los.

Do oddziaływania długoterminowego wszystkie niskowibracyjne impulsy, o których mówiliśmy, nie nadają się chociażby dlatego, że zostają przez waszą „tarczę" bardzo szybko zapomniane. „Tarcza" pamięta o nich tylko przez ten ograniczony czas, dopóki trwa wasze oddziaływanie. Gdy zaś oddziaływanie się kończy, wasz przeciwnik jest zdumiony takim rozwojem sytuacji i obiecuje sobie, że to już nigdy się nie powtórzy. Dlatego, w celu uzyskania długoterminowego efektu, musicie opanować sztukę umieszczenia obrazu w świadomości innej osoby lub mówiąc prościej, technikę zmiany świadomości „tarczy".

Taka właśnie praca, jak zresztą będziecie mieli okazję przekonać się na własnym doświadczeniu, daje najbardziej zauważalne rezultaty. Nawet więcej. Zastosowanie podobnej techniki przynosi samo w sobie kolosalną moralną satysfakcję. Ponieważ w tym wypadku stajecie się swojego rodzaju stwórcą, lepicie z człowieka to, co chcecie uzyskać. A to o wiele więcej niż wychowanie czy tym bardziej ordynarne oddziaływanie siłowe, przy którym właściwa istota człowieka waszej „tarczy" całkowicie zostaje pominięta. Aby przeprowadzić długotrwałe oddziaływanie, należy rozumieć, w jaki sposób funkcjonuje nasza świadomość i w jaki sposób może, bez dużych kosztów energetycznych, kontrolować otoczenie. A ponieważ nie ma dwóch jednakowych osobowości, również takie oddziaływanie powinno być za każdym razem całkowicie indywidualne.

Psycholodzy, badając ludzką świadomość, przeprowadzają interesujący test. Jego interpretacja może zainteresować tylko fachowca, nam natomiast pomoże zrozumieć, jakimi całkowicie indywidualnymi obrazami operuje nasza świadomość. Istota testu jest następująca. Grupa ludzi otrzymuje jednakowe zadanie: opisać szczegółowo obrazy tych przedmiotów, które będą kolejno wymieniane. Następnie badanym wymienia się konkretne przedmioty, na przykład kwiatek, stół, dom, samochód, cokolwiek – i trzeba opisać na kartce ten obraz przedmiotu, który od razu powstał w ich świadomości. Usłyszeliście słowo „stół". Jaki obraz powstał przed waszymi oczami? Biurko czy stół kuchenny, a może ława? Na trzech czy czterech nogach? Wysoki czy niski? Okrągły czy prostokątny? Czy ma szufladki?

Dla ciekawości przeprowadźcie ten test – zabawę z waszymi przyjaciółmi, których postrzeganie świata chcielibyście porównać ze swoim. Gdy zbierzecie kartki i porównacie wszystkie opisane obrazy przedmiotów, przekonacie się, że nie spotkacie nawet dwóch jednakowych, ponieważ świadomość ludzka jest absolutnie wyjątkowo indywidualna. Podobne, naturalnie, będą. O czym to może świadczyć? O tym, że wasze dusze pod jakimś względem są pokrewne. Ale nawet u najbardziej pokrewnych dusz takie podobieństwo można wykryć tylko dzięki werbalnemu opisaniu konkretnych przedmiotów. Lecz „myśl ubrana w słowa" zatraca prawdę, a więc ten obraz jest jednak inny. Żaden mistrz słowa nie potrafi go opisać nie tylko takim, jakim jest w rzeczywistości, ale nawet takim, jakim go widzi. Ile memuarów oraz różnego rodzaju prac publicystycznych i naukowych napisano o wielkim poecie rosyjskim Puszkinie? I w żadnej z tych prac nie jest on przedstawiony w ten sam sposób. Można zadać sobie pytanie, czyż nawet teraz, po prawie dwustu latach, badacze jeszcze potrafią wynaleźć o nim coś nowego? Częściowo może tak jest. Lecz chodzi nie tylko o to. Każdy, kto znał Puszkina osobiście, miał swoje subiektywne o nim wyobrażenia. Zostały przekazane one w formie werbalnej, czyli pewnego zniekształcenia nie sposób było uniknąć. Natomiast w naszej świadomości kształtuje się obraz poety nie na podstawie dokumentów, lecz wspomnień oraz prac naukowych historyków i krytyków literackich. Oznacza to, że przy postrzeganiu obrazu zachodzi podwójne zniekształcenie. Tak jest absolutnie ze wszystkim, o czym słyszymy, czytamy lub dowiadujemy się.

Zamknijcie na moment oczy i wyobraźcie sobie waszą najbliższą przyjaciółkę lub przyjaciela. Postarajcie się zwizualizować ją (go) tak żywo i realnie, jak tylko to możliwe. A teraz zastanówcie się: gdybyście mogli umieścić stworzony przez was obraz w świadomości tej dobrze znanej wam osoby, czy rozpoznałaby ona siebie w tym odbiciu? Na pewno nie. Przecież obraz samego siebie we własnej świadomości jest całkowicie inny.

Co w związku z tym należy robić? Jak rozwiązać te powstające problemy różnego postrzegania świata przez różne osoby? Trzeba sprawić, aby inna osoba była w stanie dostrzec całkowicie konkretny obraz i by on, będąc umieszczony w jej świadomości, zadziałał, i to nie w jakikolwiek sposób, tylko tak, jak to zostało przez nas zaprogramowane. Bez tego, jak już zapewne domyśliliście się, długoterminowe sterowanie jest niemożliwe. Dlatego należy czuć, jakimi obrazami operuje świadomość waszej „tarczy" i jakie obrazy, jakie elementy własnej świadomości należy wykorzystać, aby osiągnąć potrzebne rezultaty. Wydawałoby się, że to bardzo skomplikowane zadanie, wprost nie do rozwiązania, lecz jak sami się przekonacie, człowiek potrafi bez trudu pokonać przepaść między indywidualnymi świadomościami. Nie można zapominać, iż nie zważając na indywidualne różnice, jądro duszy jednego człowieka jest praktycznie identyczne jak jądro duszy drugiego człowieka (dokładniej o jądrze duszy będziemy mówić trochę później). Między nami wszystkimi istnieje o wiele więcej podobieństw niż różnic. Poza tym wszystkie nasze dusze nie są rozdzielone, ponieważ stanowią elementy składowe i odbicia większej struktury – integralnej energoinformacyjnej istoty Wszechświata. Czasem trudno jest w to uwierzyć, ponieważ każde z nas znajduje się w swoim ciele fizycznym, gromadzi indywidualne doświadczenia życiowe, szczerze wierzy w swoją unikalność i niepowtarzalność. Lecz każdy z nas, jeśli tylko zechce, potrafi te bariery przezwyciężyć, wystarczy tylko zrozumieć tę część własnej świadomości, która jest identyczna z częścią świadomości drugiego człowieka.

Rodzice bliźniąt jednojajowych zauważają następujące ciekawe właściwości u swoich dzieci. Ich dzieci nie tylko są podobne, jeśli chodzi o charakter, temperament, zdolności, wygląd fizyczny. Już w pierwszych latach ich życia stają się zauważalne jednakowe gusta i przyzwyczajenia w jedzeniu, ubieraniu się. W większości wypadków bliźnięta robią tak nie dlatego, że to podoba się ich rodzicom (na tym polega błąd większości ludzi), a dlatego, że same dokonują podobnych wyborów. Gdy zaczynają się u nich krystalizować jakieś cele życiowe, okazuje się, że zdecydowanie dążą do zdobywania podobnego, jeśli nie tego samego zawodu. Okazuje się również, że mają wrodzone skłonności do określonych chorób. Znany jest przypadek, gdy bracia bliźniacy, którzy w ciągu dobrych kilku lat nie żyli w tej samej rodzinie i kontaktowali się tylko za pośrednictwem listów oraz rzadkich rozmów telefonicznych, zachorowali na gruźlicę, a choroba ta, jak wiadomo, nie należy do chorób dziedzicznych. Na dodatek ci młodzi ludzie ożenili się praktycznie w tym samym czasie i wybrali sobie za żony blondynki. O czym mogą świadczyć takie zbieżności nie tylko w różnego rodzaju skłonnościach, ale i w losie? O tym, że między braćmi nie ma tej bariery postrzegania, którą ma większość ludzi.

Pewna mama bliźniaków opowiedziała nam o zdumiewającym zdarzeniu, którego w żaden tradycyjny sposób nie da się wytłumaczyć. Gdy jednemu z sześciolatków robiono zastrzyk, drugi w tym czasie kulił się z bólu i zaczynał płakać. Matka była ciekawa, czy takie zachowanie dziecka mogło być spowodowane wyłącznie współodczuwaniem. Przecież bliźnięta zazwyczaj przyjaźnią się. Jednak w tym momencie dzieci przebywały w różnych pokojach i jedno z nich mogło tylko się domyślać tego, co się dzieje z drugim.

Jak wkrótce sama zrozumiała, jej dziecko wcale nie udawało bólu fizycznego, lecz w istocie go odczuwało. Taka zdolność, niestety, przez większość ludzi została utracona. Między bliźniakami istniał wrodzony związek, przy czym miał miejsce tylko między nimi dwoma i poprzez to ich wrodzone zdolności zostały ograniczone. Ta łączność może rozwijać się albo całkowicie wygasnąć, podobnie jak każdy inny nawyk niewzmacniany poprzez praktykę.

Oznacza to, że bezpośrednie połączenie pomiędzy świadomościami istnieje i jest całkiem realne, chociaż nieczęsto spotykane w życiu codziennym. Dlatego przezwyciężenie bariery między wami i każdą inną osobą jest na miarę waszych sił, wystarczy tylko zrozumieć i poczuć tę część własnej świadomości, która stanowi bliźniaczą część świadomości innej osoby.

• ***System nawyków DEIR*** Stopień 3.

Krok 8. Praktyczna telepatia

Mówimy o długoterminowym sterowaniu i wprowadzeniu programów w cudzą świadomość, lecz na początku musicie nauczyć się odczuwania myśli innego człowieka. Wydaje się to trudne, lecz w rzeczywistości jest bardzo łatwe. Świat wewnętrzny człowieka ma naturę energoinformacyjną, czyli składa się z energii i podlega zasadom informacyjnym.

Zastanówmy się, co to oznacza. Na pewno zauważyliście, że w różnych językach można napotkać jednakowo brzmiące słowa, ale mające całkowicie odmienne znaczenie. Powiedzmy angielskie słowo *magazine*, które w języku rosyjskim oznacza „sklep", w języku polskim „pomieszczenie składowe”, a w języku angielskim „czasopismo”; słowo *many* oznaczające po angielsku „dużo”, w języku hindi tłumaczy się jako *ja,* w języku zaś niemieckim *ja* oznacza „tak”. Podobnych przykładów można przytoczyć wiele. Zjawisko to nikogo nie dziwi. Gdy mamy do czynienia ze świadomością innego człowieka, czyhają na nas podobne trudności. To samo odczucie, obraz lub najprostsza myśl, umieszczone w świadomości innej osoby, uzyskuje całkowicie inne znaczenie. I bez względu na to, że obrazy, myśli i uczucia, jak mówiliśmy już w pierwszej i drugiej książce o systemie DEIR, bez przeszkód przedostają się ze świadomości każdego z nas do otaczającego środowiska, zdolność odczytywania myśli spotykana jest rzadko. Aby odczytać czyjąś myśl, należy szukać nie myśli, lecz pierwotnego obrazu i już od niego przechwycić impuls – znaczenie obrazu. To jest mniej więcej to samo co zobaczenie znaku drogowego. Zobaczyć znak drogowy to wcale nie jest to samo, co zrozumieć jego znaczenie (w tym celu należy wykorzystać wiedzę lub logikę). Świadomość człowieka zawiera kilka warstw i otrzymywany obraz zawsze zostaje zniekształcony. Takie samo odczucie w procesie przejścia przez te wszystkie warstwy obrasta w mnóstwo dodatkowych znaczeń, dopóki nie przemieni się w całościowy wzór, którym właśnie manipuluje świadomość.

Z tej właśnie przyczyny wasz przyjaciel nie rozpoznałby siebie, gdybyście umieścili w jego głowie jego własny, ukształtowany przez was obraz.

Zintegrowana myśl sama nie przychodzi, trzeba specjalnie ją łapać. Technika tego procesu wygląda następująco. Należy skupić się na centralnym jądrze istoty człowieka – elementarnym odczuciu „jam jest”. Na tym etapie waszego rozwoju nie będzie to trudne.

Lecz najpierw ustalimy, czym jest „ja”. Zazwyczaj skłonni jesteśmy kojarzyć siebie z całym zestawem cech człowieka. Wszyscy w zasadzie orientujemy się, na czym polega prawidłowa samoocena. W ciągu naszego życia naturalnie ta samoocena, podobnie jak my sami, może się zmieniać, lecz zazwyczaj w wieku 19–23 lat człowiek potrafi trzeźwo ocenić swoje naturalne i nabyte cechy i ma konkretne wyobrażenie o swoich możliwościach, sferze zainteresowań, charakterze, temperamencie itd. Człowiek myślący dąży do tego, by siebie zrozumieć i odpowiedzieć na pytanie: jaki jestem? Dobry czy zły? Mądry czy nie bardzo? Taktowny czy gburowaty? Najtrudniejsze jest to, że na niektóre pytania odpowiedzieć jednoznacznie nie sposób, ponieważ bywamy różni: chorzy i zdrowi, otyli i szczuplejsi, samotni i cieszący się powodzeniem u płci przeciwnej; możemy to kontynuować w nieskończoność. W ostatecznym rozrachunku na pytanie „jaki jestem?" odpowiadamy sobie mniej więcej w taki sposób: w większości przypadków (czyli w 60–65%, nie więcej) jestem taki a taki. W takim razie jaki jesteś w pozostałych przypadkach? Zazwyczaj to pytanie pozostaje bez odpowiedzi, a dokładniej odpowiedź pada mniej więcej następująca: jestem taki, jak tego wymagają okoliczności.

No to spróbujmy zadać to pytanie w inny sposób: czym jest Ja? Dając odpowiedź na to pytanie, większość osób przytacza te swoje cechy, które różnią je od innych. Ludzie ci zapominają, że każdy z nas ma coś więcej niż tylko wygląd fizyczny, charakter, temperament, pewne doświadczenia życiowe, i właśnie to „coś" w końcu określa ludzką indywidualność. Ktoś uważa siebie za wcielenie mądrości i piękna, a ktoś z zaniżoną samooceną – uosobienie pecha i ciągłych błędów.

Czym więc wreszcie jest wasze ludzkie Ja? I gdzie się znajduje jego główna część składowa? Aby odpowiedzieć, wykorzystajmy nie spojrzenie z zewnątrz, ale popatrzmy na siebie od wewnątrz. Zajrzyjmy uważnie we własną świadomość. A więc mamy ciało świadome, część naszego Ja. Może być chore lub zdrowe, zmęczone lub rześkie, lecz jeśli na skutek jakiejś choroby zmieni się wasz wygląd (w wyniku nieszczęśliwego wypadku) lub nawet charakter (paskudny nastrój), nie wpłynie to na wasze prawdziwe Ja; w dalszym ciągu będziecie to wy i tylko wy. Wasze ciała to wspaniałe narzędzie dla odczuć i działań w zewnętrznym świecie, ale centrum waszej ludzkiej istoty nie jest w ciele. Macie emocje – przeróżne, czasem sprzeczne. Cieszycie się lub smucicie, jesteście spokojni lub podekscytowani, znajdujecie się w stanie rozpaczy lub nadziei. Lecz przy tym zdajecie sobie sprawę, dlaczego ogarnia was taki czy inny nastrój i możecie nawet, jeśli będziecie chcieli, nim sterować. Niezależnie od przeżywanych uczuć możecie zawsze, z pełną odpowiedzialnością obwieścić: tak, to ja. To znaczy, że wasze emocje jeszcze nie są tym, co w was najważniejsze. Posiadacie również uczucia, czerpiecie przyjemność ze słuchania muzyki. Lubicie patrzyć w ogień i wdychać dym ogniska. Odczuwacie przyjemność głaszcząc kota lub psa. Poprzez zmysły poznajecie i postrzegacie otaczający świat. Lecz jeśli, broń Boże, wzrok lub słuch odmówi wam posłuszeństwa, pozostaniecie sobą. W dalszym ciągu możecie powiedzieć „Jam jest". Wasze uczucia to również jeszcze nie wy. Macie też intelekt. Teraz jest on dostatecznie rozwinięty i aktywny. Lecz jeszcze przed kilkoma laty taki nie był: mniej widzieliście i mniej potrafiliście. Podobnie jak uczucia, intelekt też stanowi narzędzie poznawania otaczającego świata, lecz jeśli utracicie zdolność logicznego myślenia, w dalszym ciągu pozostaniecie sobą; centrum waszej istoty nie znajduje się w intelekcie.

Posiadacie określone doświadczenie życiowe: gdzieś wam sprzyjało powodzenie, a kiedyś zdarzały się porażki. I wasze doświadczenie życiowe będzie gromadziło się przez cały czas, dopóki żyjecie na tym świecie. Wynika to z tego, że ani wasze błędy, ani wasz sukces nie mogą być uosobieniem waszej ludzkiej istoty – tkwi ona gdzieś głębiej.

A więc wasze prawdziwe JA – to pewne centrum woli, świadomości siebie, które rządzi i steruje waszym ciałem, pomaga osiągnąć sukcesy życiowe i przezwyciężać niepowodzenia. Właśnie tam, w tym centrum powstają pierwotne impulsy, które zmuszają nas do ruchu, pracy pamięci, określonych emocji, uczuć, rozwiązywania zadań logicznych i które tak trudno jest nauczyć się zauważać. A żeby tego się nauczyć, należy umieć oddzielać się od swoich emocji, uczuć, intelektu i życiowego doświadczenia. Czyli aby odpowiedzieć na pytanie: „Czym jest JA?", należy zastosować podejście od odwrotnej strony i odpowiedzieć na pytanie: „Czym JA nie jest?" Spróbujmy to zrobić – nie teoretycznie, a w praktyce.

Usiądźcie lub połóżcie się wygodnie. Zatroszczcie się tylko o to, by nikt w tym momencie wam nie przeszkadzał. Zamknijcie oczy, rozluźnijcie się i postarajcie się przypomnieć jakiś obraz z waszego życia, który sprawi wam szczególną przyjemność. Ten odtworzony przez was obraz musi być jak najbardziej konkretny, rzeczywisty, w pełni barw i dźwięków. Skupcie się na wszystkich swoich odczuciach, które będziecie przeżywać, czerpcie z nich maksimum przyjemności, zapamiętajcie je.

Zamknijcie oczy i wyobraźcie sobie, jak wchodzicie do lasu. Jaki jego obraz pojawił się w waszej wyobraźni? Iglasty czy mieszany? Gęsty czy raczej przypominający park? Jaka jest pogoda tego dnia? Przejdźcie w głąb lasu, odczujcie jego zapachy, piękno drzew, śpiew ptaków. Poczujcie te zapachy tak mocno, jak potraficie. Spróbujcie wśród wszystkich ptasich głosów wyodrębnić jeden, należący do jakiegoś konkretnego ptaka. Przeciągnijcie ręką po trawie – czy jest wilgotna, czy dawno tu padał deszcz? Jakie emocje przeżywacie w tym momencie? Czy wam się podoba? Czy dobrze tu się czujecie? Czy nie chcecie stąd odchodzić? Musicie to zrobić, przecież zaczęliśmy to ćwiczenie po to, by nauczyć się rozpoznawać pierwotne impulsy, powstające w centralnym jądrze ludzkiej istoty.

A teraz powróćmy do rzeczywistości. A więc znacie swoje, tylko wam właściwe, prawidłowości postrzegania otaczającego świata, dopiero co przekonaliście się po raz kolejny, wykonując zaproponowane ćwiczenie. W tym czy innym stopniu to wszystko w sobie kochacie, dlatego wasze postrzeganie różni was od innych osób, tworząc waszą unikalność.

Parę minut temu przeżyliście przyjemne odczucia spaceru po lesie. W waszym życiu było i będzie jeszcze wiele innych przyjemnych momentów z ogromną ilością pozytywnych emocji.

Teraz otwórzcie oczy i skupcie się na sobie, odrzucając wszystkie momenty emocjonalne. Jak już wiecie, wasze emocje i uczucia to nie jesteście wy. To nie jest wasze JA. Odsuńcie je na bok. Nie wyłączajcie, a po prostu odrzućcie jako obiekt uwagi. Na początku może to sprawiać trudności: zbyt mocno identyfikujemy się ze swoimi odczuciami. Łatwiej uda się wam wykonać to zadanie, jeśli powiecie sobie, iż wszystkie wasze uczucia, myśli, a nawet czyny – to wszystko nie jest najważniejsze, a znajduje się na powierzchni czegoś ważniejszego. W duszy każdego człowieka jest jądro, bez którego nie może istnieć wszystko pozostałe – ono właśnie nami kieruje. Gdy całym swoim jestestwem uświadomicie sobie, że w nim zawarta jest cała istota, wówczas „łupiny" łatwo da się odrzucić.

Teraz uczyńcie to samo z dowolnym przedmiotem znajdującym się w zasięgu waszego wzroku – z kwiatkiem, wazonem, butem – wszystko jedno. Wyłączcie obraz przedmiotu ze sfery swojej uwagi. Wyłączcie z listy swoich obiektów uwagi postrzeganie wzrokowe, postrzeganie logiczne oraz skupienie uwagi (ono było wykorzystywane automatycznie od analizy natury obrazu, który trafił do waszej świadomości).

A teraz najważniejsze – spójrzcie na jakąkolwiek postronną osobę i odczujcie, że centrum znajdujące się za waszą czakrą Adżną i jej centrum znajdujące się w tym samym miejscu stanowią jedność. Nie zwracajcie uwagi na wszystko, co ją otacza, nie odbierajcie tego. Ważne jest tylko znów to samo centrum, które powstało w waszym postrzeganiu po odrzuceniu emocji, pamięci, logiki i obrazu wzrokowego. Jądro świadomości postronnej osoby, podobnie jak jądro waszej świadomości, stanowi mikrostrukturę energoinformacyjną i element energoinformacyjnej istoty Wszechświata. A ponieważ stanowicie jedność z tym człowiekiem w swojej podstawie, nie istnieje nic, czego nie moglibyście o sobie nawzajem pojąć.

Gdy potraficie tego dokonać, pewne odczucia, które do was przyjdą, zasygnalizują wam zamiary tego człowieka. Postarajcie się, patrząc na niego, określić, co słyszy, widzi, dokąd idzie i z jakimi uczuciami. Wasze odczucia będą do was przychodzić w postaci pierwotnych obrazów, fragmentów, lecz w odróżnieniu od badanej przez was osoby, bez trudu potraficie te informacje odbierać. Czyli wasze JA tymczasowo będzie analizować nie swoje obrazy, lecz obrazy znajdujące się w świadomości innego człowieka.

Główne wasze osiągnięcia, pojawiające się w rezultacie opanowania tej techniki, to możliwości odczuwania PRAGNIEŃ i ZAMIARÓW innego człowieka. Poczujcie pierwotny obraz świadomości drugiej osoby – oto człowiek widzi ulicę i... jest jeszcze coś. ON CHCE SKRĘCIĆ W LEWO! CHCE to pragnienie, a SKRĘCIĆ to intencja – stanowią elementy bazowe mechanizmu świadomości w tym momencie. Na tym poziomie najczęściej występuje oddziaływanie energoinformacyjnego pasożyta – i na ten element najprościej jest wpływać z zewnątrz. Przecież jeśli już jest pragnienie i intencja, wystarczy tylko przekazać impuls do działania (już wiecie, jak to się robi), by człowiek natychmiast zaczął realizować stworzoną przez was konstrukcję.

Stopniowo ta zdolność patrzenia w sam korzeń ludzkiej istoty rozwinie się u was w prawdziwą telepatię i będziecie mogli odczuwać i rozumieć znacznie więcej niż kiedykolwiek przedtem. Otworzy się przed wami pełny zakres tych obrazów, którymi posługuje się świadomość człowieka. Nie będzie już dla was stanowiło problemu, by zajrzeć w duszę innej osoby; nawet więcej – będziecie mogli zrozumieć go lepiej, niż on rozumie siebie. Przecież on w odróżnieniu od was nie potrafi odbierać pierwotnych impulsów, przychodzących do jego świadomości, bez zniekształcenia. Nie mówiąc już o tym, że będziecie bez trudu rozumieć sztukę, zwłaszcza muzykę i malarstwo. Przecież w samej swojej naturze sztuka jest alogiczna i wynika z intuicyjnego postrzegania świata.

Na pewno dacie sobie z tym radę – wbrew pozornej złożoności tego zadania uczniowie na naszych kursach opanowują tę umiejętność w ciągu tylko jednych zajęć!

Wykorzystujcie przez cały czas zdobyte nawyki (umiejętności), doskonalcie je. W życiu codziennym zakres zastosowania tej wiedzy jest bardzo szeroki. Umiejąc odczytywać prawdziwe, autentyczne intencje człowieka, z łatwością będziecie pozbywać się wrogów, jednać sobie życzliwych ludzi, zdobywać przyjaciół, w relacjach między ludźmi uwalniać się od tego rodzaju problemów, które spowodowane są brakiem zrozumienia.

Naturalnie to jest tylko początek, chociaż wspaniały. Przyłóżcie się do tego z maksymalnym wysiłkiem i cierpliwością – i po bardzo krótkim czasie będziecie potrafili nie tylko rozpoznać pierwotne impulsy otoczenia, ale i umieszczać swoje intencje w świadomości innej osoby, wypierając jej własne.

Zastosowanie obrazów intencji do sterowania świadomością człowieka

Możecie nie tylko przekazywać obrazy intencji, ale również je wykorzystywać. Oznacza to, że uda się wam zmienić postrzeganie sytuacji przez innego człowieka, „poprawiając" go. Krótko mówiąc, możecie zmusić go, by zapragnął tego, czego wy pragniecie. Już mówiliśmy o tym, co oznacza pragnienie w życiu każdego człowieka i w jaki sposób nim porusza. Poza tym, w odróżnieniu od obrazu intencji, pragnienie działa dłużej, ponieważ zaliczane jest do nieumotywowanych sygnałów podświadomości i co bardzo ważne, prawie nigdy nie ulega weryfikacji przez logikę.

Człowiek najczęściej dąży do realizacji swoich pragnień, nawet wtedy, gdy zdaje sobie sprawę, że mu szkodzą. I jeśli nawet uświadomi sobie przyczynę ich powstawania, raczej będzie dalej realizować swój plan, aniżeli postanowi neutralizować przyczynę. Ten nastolatek, który wpadł w złe towarzystwo (jego historię niedawno analizowaliśmy), doskonale rozumiał, iż zanim tam wylądował, nie miał wcale chęci, by chodzić na wagary, palić trawkę, czyli dobrze rozumiał, co konkretnie stanowiło przyczynę tych nowych pragnień. Wydawałoby się, że naprawa tej sytuacji nie stanowi żadnego problemu: wspólnie z innymi rodzicami, nauczycielami i być może przy pomocy policji można by rozpędzić całe to negatywne i pasożytujące towarzystwo – i wszystko wróci do normy. Otóż nie wróci, ponieważ przy oddziaływaniu pasożytniczego środowiska został uruchomiony destrukcyjny program, który z powodzeniem może funkcjonować w ramkach świadomości tego nastolatka. Teraz odkrył on dla siebie nowe rodzaje rozrywki i nie chce z nimi się rozstać. Pragnienia grupy stały się jego pragnieniami. Co więcej, gdyby nawet jego paczka się rozpadła, odnalazłby podobną lub jeszcze gorszą, ponieważ jak wiemy, wysoki poziom motywacji zapewnia szybką realizację pragnienia. I gdyby nie zdecydowana ingerencja, która odcięła go od oddziaływania destrukcyjnego środowiska, a następnie zasiała w jego świadomości inne pragnienia, nastolatek w dalszym ciągu by się kierował pragnieniami i dążeniami pasożytniczymi. Inny przykład: mężczyzna, poświęcający wszystkie siły własnej karierze, zakochuje się w młodej dziewczynie. Człowiek ten do tej pory żył tylko karierą – oddał się całkowicie pracy, studiom doktoranckim, zdobyciu określonego statutu społecznego. Wielu z jego przyjaciół krytykowało takie podejście do życia – rzeczywiście, ten człowiek zrezygnował z wielu radości i przyjemności w życiu oraz ze zwykłego ziemskiego szczęścia. Lecz nagle wydarzyło się coś, czego nikt nigdy po nim się nie spodziewał: nie tylko po prostu się zakochał, ale zakochał się namiętnie, całkowicie stracił głowę – do tego stopnia, że zapomniał o pracy, nauce, a nawet o zabezpieczeniu materialnym, bez którego, jak sami rozumiecie, można po prostu paść z głodu. Najbardziej nieprzyjemnym momentem w tej historii jest to, że właśnie taka namiętność w rezultacie nie przemienia się w miłość. Nieprzypadkowo filozofowie od zawsze stawiali granicę między namiętnością, zakochaniem i miłością. Te uczucia mogą na początku się mieszać, lecz przetrwać może tylko miłość. Namiętność natomiast wcześniej czy później wypala się. Najprawdopodobniej coś takiego czekało w najbliższej przeszłości i naszego bohatera. Mógł utracić nie tylko obiekt swojej namiętności, ale i wszystko to, co już prawie osiągnął.

Wiadomo, że kobiety, które cieszą się powodzeniem u mężczyzn, są bardzo wymagające. W „łatwiejszych" przypadkach mężczyzna musi przynajmniej poświęcać więcej czasu obiektowi swojej namiętności. Tak właśnie czynił nasz bohater, rezultatem czego była utrata przez niego bardzo prestiżowej i ambitnej pracy oraz skreślenie z listy słuchaczy studiów doktoranckich. Przy czym, co ciekawe, w ogóle się tym nie przejął, z filozoficznym spokojem siedział na garnuszku rodziców i nie miał zamiaru czegokolwiek w swoim życiu zmieniać. Rady przyjaciół w żadnym stopniu na niego nie działały, ponieważ wbrew wszystkim logicznym wywodom człowiek ten świadomie pragnął poświęcać ukochanej cały swój czas. Doszło do tego, że „życzliwi" – w osobach rodziców i krewnych młodego człowieka – poprosili tę dziewczynę, by na jakiś czas wyjechała z miasta. Wydawało się im, że jeśli po prostu zabiorą ją (przyczynę wyboru nieprawidłowej drogi) jak najdalej od jego oczu, wszystko wróci na swoje miejsce lub chociaż nie tak szybko będzie zmierzało ku przepaści. Ona, naturalnie, odmówiła i miała rację: podobne problemy należy rozwiązywać w inny sposób.

A problem ten jednak został rozwiązany. W świadomość młodego człowieka została włożona pewna konstrukcja logiczna (będziecie tego się uczyć), która szybko zaczęła pracować i doprowadziła do upragnionych rezultatów. Treść tej konstrukcji była następująca: jeśli nie pójdziesz po rozum do głowy, dziewczyna niedługo cię zostawi: na co komu głowa rodziny bez pracy i bez pieniędzy. Do tej formułki zostało dodane jeszcze pragnienie ukończenia studiów doktoranckich i podjęcie pracy. Trzeba powiedzieć, że to zadziałało. I bardzo prędko na świecie pojawiła się nowa, szczęśliwa rodzina, w której królowała nie tylko miłość, ale i dobrobyt.

• *System nawyków DEIR* Stopień 3.

Krok 9. Techniki sterowania za pomocą pragnień

Technika przekazywania pragnienia w sposób zauważalny różni się od techniki przekazywania intencji. Jedna z różnic polega na tym, że dla przekazywania pragnienia trzeba nauczyć się nadzwyczaj dokładnie odebrać sferę emocjonalną „tarczy", czyli „podsłuchać" jej myśli i uczucia jeszcze bardziej starannie, niż gdybyśmy mieli do czynienia z intencją. Związane jest to po pierwsze z tym, że pragnienie dokonania czegokolwiek u każdej osoby zawsze związane jest z czasem, miejscem i konkretnymi ludźmi. Nawet najbardziej nieokreślone, nieukształtowane ludzkie pragnienia kryją chociaż jeden z tych komponentów. Nietrudno zrozumieć, że człowiek może mieć tylko konkretne pragnienia.

Inna przyczyna polega na tym, że pragnienie zawsze leży nie tak głęboko jak intencja. Może być łatwiej uchwytne na planie społecznym, po prostu w trakcie komunikowania z ludźmi, lecz sterowanie przy użyciu pragnienia jest trudniejsze. Jak pamiętacie, aby poczuć intencję innej osoby, należy świadomie wyłączyć poziom po poziomie własną świadomość. Otóż w tym ciągu pragnienie stoi bezpośrednio przed elementarną intencją. Od strony energetycznej mogą być tylko dwa typy pragnień: pozytywne, polegające na dążeniu do osiągnięcia czegokolwiek, i negatywne, których istota wyraża się w dążeniu do uniknięcia, zrezygnowania z czegoś. W każdym razie intencje te są całkowicie konkretne i musicie je poznać, „podsłuchując" je w świadomości „tarczy". Pragnienie związane jest z intencją, lecz od niej nie zależy, służy tylko warunkiem akceptacji intencji lub jej brakiem. Czyli jeśli istnieje intencja i nie wchodzi ona w konflikt z pragnieniem, wszystko idzie jak po maśle: człowiek działa pewnie i zdecydowanie; krótko mówiąc, na drodze takiego człowieka nie pojawiają się żadne wewnętrzne bariery. Gdy zaś pomiędzy pragnieniem a intencją powstaje konflikt, intencja zazwyczaj zostaje niezrealizowana. To oznacza, że jeśli w świadomości „tarczy" umieścimy pragnienie przeciwne do jej intencji, wtedy intencja nie zostanie zrealizowana. Stosunkowa złożoność tej techniki staje się nieistotna w obliczu jej rezultatów.

Proponuję, żebyśmy zanim przejdziemy bezpośrednio do techniki przekazywania określonego pragnienia, przypomnieli sobie ćwiczenie skupienia się na jądrze ludzkiej istoty. Jeśli zapomnieliście, jak to się robi, wróćcie do początku tego rozdziału. A więc skupiliście się na swoich uczuciach, odczuliście jeszcze raz wszystkie swoje indywidualne właściwości postrzegania otaczającego świata, odczuliście swoje zmysły – wzrok, słuch, dotyk – i uwolniliście się od nich, odrzuciliście je jako obiekt waszej uwagi. Następnie zrobiliście tak samo ze swoimi emocjami i intelektem: odrzucamy je jak coś, co przestało być potrzebne. Teraz najważniejsze miejsce to centrum waszej energoinformacyjnej istoty albo wasza dusza. Powtarzając to ćwiczenie poczujcie jeszcze raz swoje prawdziwe JAM JEST w czystej postaci. Bez retuszowania i ozdób, w postaci emocji, rozumu i zmysłów. Teraz, gdy główny, przygotowawczy etap oddziaływania jest za wami, zróbcie to, co już potraficie i wielokrotnie praktykowaliście: spójrzcie na dowolną nieznaną wam osobę i poczujcie, że centrum usytuowane za waszą czakrą Adżną, i takie samo centrum tej osoby jest jednym i tym samym. Jeśli udało się to wam, możecie kontynuować. Teraz skupcie się na emocjach i pragnieniach, lecz tym razem nie swoich, tylko „tarczy" – w ten sposób zaczniecie łączyć się z jej sferą emocjonalną. Prawdopodobnie nauczycie się to robić już w najbliższej przyszłości i wówczas będziecie mogli w taki sam sposób jak w przypadku intencji umieszczać w świadomości „tarczy" swoje pragnienia. Musicie odpowiednio nastroić się i utożsamić z „tarczą" (jak to robić i jakie ćwiczenia wykorzystywać do treningu, o tym już dokładnie mówiliśmy). I w odpowiednim momencie wtłaczacie do świadomości „tarczy" obraz, który stworzyliście poprzez własną świadomość.

Już wiecie, że na pragnienia i intencje „marionetki" zazwyczaj ma bezpośredni wpływ energoinformacyjne, pasożytnicze środowisko. Łączy je całkowita harmonia i dlatego są logiczne i zgrane. Oznacza to, że stworzone i wysłane przez energoinformacyjną strukturę pragnienia mogą być zaspokojone pod warunkiem realizacji jednocześnie wysłanej intencji. Dlatego istnieją dwa warianty sterowania „marionetką". O pierwszym już wspominaliśmy. Polega na wprowadzeniu do jej świadomości tylko pragnienia. Ponieważ intencja pozostała stara, utrwalona jeszcze przez pasożytnicze pole energoinformacyjne, między pragnieniem i intencją powstaje konflikt, co niewątpliwie wpłynie na zachowanie „marionetki". Obserwując „marionetkę", zobaczycie jej chaotyczne i gorączkowe działania – czyli możecie z łatwością naruszyć skupienie człowieka i wyprowadzić go ze stanu natchnienia, które jest koniecznym warunkiem owocnego działania. I jeśli wasza „tarcza" na przykład postanowiła wygłosić przemówienie i poprowadzić za sobą ludzi (na zebraniu tematycznym lub w domowej dyskusji) - nic z tego nie wyjdzie!

Istnieje też drugi wariant. Jest nieco bardziej skomplikowany, ale za to skuteczniejszy. Istota jego polega na tym, by zmienić zarówno intencje, jak i pragnienie. Przy czym postępowanie „marionetki" na skutek waszego oddziaływania będzie logiczne, konsekwentne, przemyślane i nawet ładne. Wam natomiast nie pozostaje nic innego, jak podziwiać je, obserwując, jak „marionetka" realizuje to, co zaplanowaliście, i wszystko się dzieje według ułożonego przez was scenariusza.

Na przykład przyjechaliście na bazar z konkretnym zamiarem nabycia, powiedzmy, pomidorów. Jakieś stoisko przyciągnęło waszą uwagę - pomidory były na nim rzeczywiście ładne. A sprzedający sympatyczny i uprzejmy. Lecz za chwilę ze zdziwieniem zauważacie, iż uprzejmość sprzedawcy to tylko pułapka dla naiwnych, ponieważ oszukuje wszystkich po kolei i wcale nie stara się tego ukryć. Naturalnie, wy również zostaniecie oszukani, jeśli nic nie zrobicie.

Jakie działanie można zastosować w takiej sytuacji? Oczywiście można zrezygnować z zamiaru kupowania u tego człowieka i poszukać na bazarze takiego sprzedawcy, który nie oszukuje. Ale czy wielu takich znajdziecie? A poza tym z jakiej racji musicie dodatkowo tracić czas i nerwy? Dlaczego musicie ustępować? Czasami dobrze jest wskazać cwaniakom ich miejsce.

A więc zróbcie to, o czym przed chwilą mówiliśmy. Zmieńcie pragnienie „tarczy", czyli sprzedawcy. Podrzućcie mu na przykład pomysł, żeby zważył wam dwa razy więcej pomidorów, niż prosiliście. Jeśli chcecie być naocznymi świadkami jego dziwnego, chaotycznego zachowania i przy okazji ośmieszyć go przed innymi handlarzami, możecie zmienić tylko jego pragnienie. Spowoduje to konflikt ze starą intencją sprzedawcy, żeby was oszukać przy ważeniu, i ten konflikt w komiczny sposób odbije się w jego zachowaniu (może będzie się mylił w liczeniu, czy wszystko będzie mu wypadało z rąk, czy będzie mamrotać, czy guzdrać się – gwarantuję, że jakiś efekt będzie – i bardzo zabawny!). Jeśli zaś cenicie swój czas i nie znajdujecie przyjemności w przebywaniu w towarzystwie tego człowieka, zastosujcie twardszą technikę: zmieńcie pragnienie i intencję. Bardzo szybko dostaniecie interesujący was towar w potrzebnej ilości, sprzedawca będzie na wyrost uprzejmy i sympatyczny, a jeśli będziecie chcieli, nawet pieniędzy od was nie weźmie. W końcu ma dużo tych pomidorów, może sobie pozwolić, by poczęstować dobrego człowieka! Łatwiej zmieniać pragnienia osób w mniejszym stopniu podatnych na oddziaływanie energii pasożytniczej niż „marionetki". Dzieje się tak dlatego, że pragnienie zawsze powstaje spontanicznie, z reguły realizowane jest szybko i nie jest pod żadnym względem krytykowane.

Powiedzmy, macie chęć na lody. Jeśli nie boli was gardło i nie boicie się popsuć sobie apetytu przed obiadem, po prostu je sobie zafundujecie. Jeśli z jakiegoś powodu nie możecie tego zrobić, nie kupujecie lodów. Lecz nigdy nie będziecie zadręczać się bezsensownymi rozważaniami typu: „Dlaczego nagle zachciało mi się lodów?". Normalny człowiek jest sam za siebie odpowiedzialny i dla niego dążenie do zaspokajania każdego swojego pragnienia jest rzeczą całkowicie naturalną. Stąd piękne powiedzenie: „Pragnienia należy zaspokajać w miarę ich pojawiania się". „Marionetka" natomiast realizuje swoje pragnienia w sposób wymuszony (raczej nie swoje pragnienia, a swojego pasożytniczego środowiska). To, co myśli i odczuwa, jest dość trudne do określenia, lecz uogólniając, można stwierdzić następującą kwestię: „marionetka" kieruje się nie tyle zasadą „chcę", ile stwierdzeniem „tak trzeba, tak musi być". Przy tym marionetka działa świadomie, ponieważ jest przyzwyczajona otrzymywać podobne rozkazy z zewnątrz. W zwyczajnym życiu „marionetkę", obok pewnego skupienia w sobie, cechuje również upór. O takim człowieku – „marionetce" pasożytujących struktur energoinformacyjnych – często mówi się, że żyje w swoim odizolowanym od innych świecie, i kontaktują się z nią takie same „marionetki", ludzie z jej klanu. Przemówić do takiej osoby jest praktycznie niemożliwe, ponieważ jej świadomość ograniczono poprzez oddziaływanie pasożytniczego pola.

W porównaniu ze zwyczajnym człowiekiem „człowiek-marionetka" w większym stopniu jest skupiony na sobie i swoich odczuciach. Człowiek zwyczajny z reguły nie zwraca na nie szczególnej uwagi – żyje dla realizacji swoich pragnień, w sposób absolutnie automatyczny dopasowując do nich swoje intencje.

Teraz gdy potraficie manipulować pragnieniami i intencjami innych osób, możecie zacząć ćwiczenie nowej techniki – kombinację intencji i pragnienia. Ta technika pozwala wpływać na sytuację kompleksowo, nie wchodząc w subtelności wewnętrznego świata „tarczy". Technika jest przydatna w przypadkach stosunkowo powierzchownej, ale skutecznej kontroli.

• ***System nawyków DEIR*** Stopień 3.

Krok 10. Wykorzystywanie konstrukcji do sterowania cudzą świadomością

Łączenie intencji i pragnienia nazywamy konstrukcją. Konstrukcja to jeden z bazowych elementów ludzkiej psychiki. Jej rola jest ogromna – nie tylko w procesie uświadomienia przez człowieka jego pragnienia, ale i na następnym etapie wypracowania logicznie argumentowanego planu działań.

Oczywiście, intencja i pragnienie – dwa elementy psychicznego urządzenia mózgu – są mocno ze sobą związane. Spróbujmy sami je sobie uświadomić na konkretnych przykładach – przecież nie studiujemy tylko martwej teorii, uczymy się manipulować świadomością na tym poziomie, który jest nam znany od urodzenia – ze środka (tego nie dokonał jeszcze żaden system na całym świecie!).

Powiedzmy, że spieszycie się do pracy. Musicie szybko napić się herbaty i wychodzić z domu. W czajniku na kuchence już się gotuje woda. Powstaje intencja – złapać czajnik, lecz natychmiast powstaje konflikt intencji z pragnieniem, żeby uniknąć z nim kontaktu, ponieważ w ostatnim momencie uświadomiliście sobie, że możecie się oparzyć. A więc trzeba się rozejrzeć za rękawicą kuchenną, o czym wcześniej nie pomyśleliście.

Drugi przykład: macie zamiar dłużej pospać, bo w ciągu ostatnich kilku dni nagromadziło się zmęczenie. Błogo przeciągając się w łóżku nagle uświadamiacie sobie, że wasze dzisiejsze spóźnienie do pracy już nie będzie pierwszym, a ponieważ pragniecie w dalszym ciągu pracować w tym miejscu i otrzymywać pensję, jednak zmuszacie siebie do wyjścia z łóżka, a swój zamiar, żeby się wyspać, przenosicie na weekend.

Z drugiej strony, jeśli brakuje wam wyjściowej intencji, pragnienie po prostu przemienia się w mglistą udrękę lub w jakieś niesprecyzowane uczucie niepokoju. Podobne sytuacje zdarzają się często każdemu z nas. Zazwyczaj przyczyną jest zmęczenie, któremu ludzie w większości przypadków nie potrafią zapobiec. Chodzi o to, że hamuje ono powstawanie intencji (z tego powodu należy swoje życie organizować w taki sposób, żeby zmęczenie nachodziło was możliwie jak najrzadziej, i żeby zapewnić sobie odpowiednią dawkę pracy i odpoczynku). Człowiek odczuwa przy tym dyskomfort, ponieważ jego pragnienie, wciąż rosnące, nie zostaje zrealizowane. Przyczyny zaś powstałej wewnętrznej dysharmonii z reguły nie potrafi sobie uświadomić. Czasami mogą przyczyniać się do tego nawet całkowicie pozytywne emocje. Przypuśćmy, że przez trzy tygodnie wspaniale bawiliście się nad ciepłym południowym morzem, lecz pod koniec pobytu zaczynacie odczuwać coś w rodzaju jakiejś niejasnej udręki. Wydaje się, że niczego do szczęścia wam nie brakuje. Opaliliście się, najedliście się południowych owoców, przez całe dni pływaliście w morzu, o pracy nie chcecie nawet słyszeć. Po powrocie do pracy przez dłuższy czas nie możecie się wciągnąć w zwyczajny rytm życia codziennego. Czegoś wam się chce, lecz nie uświadamiacie sobie, czego. Po prostu zmęczyliście się odpoczynkiem (i leniuchowaniem). I dlatego intencja „pracować" nie przyszła do was w odpowiednim czasie, spóźniła się z powodu zwyczajnego zmęczenia. Jak widzicie, intencja i pragnienie są związane ze sobą w sposób jak najbardziej ścisły i od tego, na ile umiejętnie potraficie je wykorzystać, zależy opanowanie takiego narzędzia kierowania jak konstrukcja. Do dyspozycji macie następujące rodzaje konstrukcji: utrwalającą, tłumiącą, znoszącą, zastępującą. Zaczniemy od pierwszej.

Krok 10a. <u>Technika stosowania konstrukcji utrwalającej</u>

Technika utrwalająca służy temu, by utrwalić w cudzej świadomości tę czy inną myśl. U kogoś powstała idea, która jest dla was korzystna (przy czym absolutnie nie jest ważne, czy ta idea została mu podsunięta przez was, czy też była jego własną). Idea ta może być zaakceptowana lub nie. Takie sytuacje są bardzo częste. Codziennie załatwiamy sprawy wyjazdów, zakupów, spędzania wolnego czasu itd. I za każdym razem postawieni przed koniecznością podjęcia decyzji zastanawiamy się mniej więcej w taki sposób: „Czy warto kupić te buty? Czy rzeczywiście są tak dobrej jakości, jak twierdzi ekspedientka? I czy nie są za drogie jak na buty tej firmy?". Albo: „Czy umówić się z tym mężczyzną do teatru, gdy taka piękna pogoda i ktoś inny proponuje wyjazd na działkę?". Z takimi problemami, bardziej lub mniej ważnymi, mamy do czynienia codziennie w naszych kontaktach z ludźmi. Powodem jest każda dyskusja, sprzeczka, wymiana zdań. Czasami nie jest to nic istotnego, ale bywa i tak, że z tych drobiazgów składa się całe nasze życie.

Jesteście na przykład przedstawicielami handlowymi w dużej firmie i reklamujecie dobry, ciekawy produkt, lecz wiadomo, że rynek jest teraz przepełniony i o klienta trzeba walczyć. Rozmawiacie z właścicielem sklepu (lub, w zależności od charakteru waszej pracy, po prostu z potencjalnym klientem) i widzicie, że zaczyna się wahać, waży wszystkie „za" i „przeciw" i że na jego decyzję może teraz wpłynąć nawet najmniej istotny drobiazg. Jeśli nie zostanie podjęta po waszej myśli, na jakiś czas, do następnej okazji zostaniecie bez pieniędzy. Obserwujecie go bardzo uważnie (i nawet słyszycie jego myśli – co wchodzi w zakres waszych możliwości) i nagle spostrzegacie, że pojawiła się w nim przez moment myśl, żeby przyjąć waszą propozycję. Teraz trzeba jak najszybciej wykonać jakiś ruch, ponieważ moment na działanie jest jak najbardziej sprzyjający. Jeśli w tym czasie wyślecie do świadomości „tarczy" pozytywne pragnienie, co już potraficie robić, poprzez to utrwalicie powstałą intencję i utworzona konstrukcja zacznie pracować.

Oczywiście w poważniejszych przypadkach możecie uruchomić konstrukcję, tworząc intencję samodzielnie (lub zasilając ją, jeśli nie jest wystarczająco mocna). W jaki sposób to robić, już wiecie. Prawda, bardziej energooszczędnie jest robić to nie w dwóch etapach (wywołaliście intencję – zajęliście się pragnieniem), lecz jednym dotykiem. Jak pamiętacie, intencja w świadomości „tarczy" leży o wiele głębiej niż pragnienie. Najpierw na głębszym poziomie wprowadzacie intencję, a potem usuwając się ze świadomości „tarczy" na bardziej powierzchowny poziom, zmieniacie pragnienie. Przy tym nie zapominajcie, że myślokształt pragnienia zawsze zawiera obraz kompletnego rezultatu. A więc jeśli jesteście handlowcami, pamiętajcie, co mianowicie ma kupić u was wasza „tarcza", kiedy i na jaką kwotę. Jeśli pominiecie chociaż jeden z ważnych elementów, w działaniu „tarczy" powstanie rozproszenie, a tego musicie unikać za wszelką cenę. W podobnych sytuacjach konstrukcja utrwalająca stanowi pewny i szybki sposób oddziaływania na otoczenie.

Krok 10b. Technika stosowania konstrukcji odwołującej

Konstrukcja odwołująca służy temu, by nie dopuścić do dokonania przez „tarczę" określonych działań. Wykorzystajmy ten sam przykład z handlowcem i kupującym. Kiedy zauważycie zamiar „tarczy" nieprzyjęcia waszej propozycji, możecie dotknąć jej świadomości w momencie powstawania niekorzystnego dla was zamiaru – intencji i wprowadzić negatywne pragnienie. W tym przypadku między intencją (odrzucić propozycję) i wprowadzonym przez was negatywnym pragnieniem (unieważnić intencję) powstanie konflikt. Jak pamiętacie, gdy istnieje intencja, która wchodzi w konflikt z pragnieniem, wówczas intencja zostaje niezrealizowana. Czyli zacznie się dziać właśnie tak, jak należy: wasz klient nie potrafi odmówić wam nabycia towaru.

Ta konstrukcja zaczynając pracę, uruchamia cały ciąg reakcji w podświadomości, ukierunkowanych na aktywne uchylenie się od konkretnego działania. W tym konkretnym wypadku nie wolno wam dopuścić do odmowy zawarcia zaplanowanej umowy.

Krok 10c. Technika stosowania konstrukcji tłumiącej

Konstrukcję tłumiącą stosujemy wtedy, gdy chcemy, by sytuacja samoistnie umarła śmiercią naturalną. W tych wypadkach z reguły nielogiczne byłoby stosowanie konstrukcji zastępującej lub utrwalającej. One są skuteczne wtedy, gdy trzeba zmusić człowieka do jakiegoś działania. Konstrukcja tłumiąca natomiast stosowana jest w sytuacjach wprost przeciwnych, gdy chcemy uniknąć jakiegokolwiek rozwoju wydarzeń. Proponuję następny przykład. Jedziecie środkiem miejskiej lokomocji bez biletu. Wyobraźmy sobie następujący scenariusz: kontroler was złapał i żąda zapłacenia mandatu. Kontroler nie stanie przed dylematem – wypisać wam mandat czy nie – z tego żyje. Z tego wynika, że ani konstrukcja odwołująca (negatywne pragnienie i intencja działania), ani konstrukcja utrwalająca (pozytywne pragnienie i intencja działania) nie może być zastosowana.

A więc co w tej sytuacji zrobicie? Takie warianty, jak zapłacenie kary lub urządzenie głośnej awantury, w ogóle odrzućmy: nie po to przecież uczymy się metod sterowania otoczeniem. Zadajmy sobie pytanie: jaki w tej sytuacji wyznaczymy sobie cel? Cel w ogóle jest dosyć konkretny: kontroler musi zostawić nas w spokoju bez ściągnięcia upragnionej kary. Jeśli weźmiemy pod uwagę, że mnóstwo osób z powodzeniem daje sobie radę w podobnych sytuacjach codziennie, tym bardziej wam opanowanie pewnych technik nie sprawi żadnego trudu. Przy tworzeniu konstrukcji tłumiącej możecie zadziałać dwoma sposobami. Pierwszy polega na tym, by modyfikować pragnienie „tarczy", nakierowując je na inny rezultat, lecz przy tym nie zmieniając ogólnego znaku pozytywności lub negatywności. „Pozytywność" i „negatywność" to wewnętrzna zgoda na działanie lub rezygnacja z działania. Podrzućcie mu na przykład pomysł, żeby coś zjadł (pozytywność zachowania). Bardzo prawdopodobne, że ten pomysł wejdzie w rezonans z jego własnym pragnieniem, wtenczas odpowie na waszą propozycję prawie z radością. Będziecie mogli zaobserwować, jak kontroler ku wielkiej radości innych gapowiczów wysiądzie z tramwaju i skieruje swoje kroki do najbliższego baru z kebabem.

Stosując drugą metodę, możecie dotknąć „tarczę" swoim polem i zmienić jej intencję, na przykład zmienić intencję ukarania na inną – zostawienia was w spokoju. Poza tym jest ku temu i określona przyczyna: pieniędzy, prawdopodobnie, nie macie, a prowadzić was na posterunek policji jemu po prostu się nie opłaca.

Przy zastosowaniu tak pierwszej, jak i drugiej techniki, „tarcza" rzadko kontynuuje podjęty przez siebie program działania. Dzieje się tak dlatego, że człowiek nie może działać, jeśli jest wobec siebie nieszczery. Przecież w tej sytuacji zmieniacie albo intencję, albo pragnienie. To nie wystarczy, by podtrzymać jednoznaczny, wyrazisty rezultat. Co prawda taki rezultat nie jest nam potrzebny: aby stłumić rozwój wydarzeń, to nam wystarczy.

Niemniej jednak warto pamiętać, że działania „tarczy" będą niezorganizowane, niekonsekwentne i niezakończone. Dlatego będzie lepiej, jeśli usłyszycie stan wewnętrzny „tarczy" i podpowiecie jej taki pomysł, który by harmonizował z jej prawdziwymi problemami, lecz nie ma nic wspólnego z waszą sytuacją. Spostrzegliście, że kontroler jest trochę głodny – pomóżcie mu uświadomić jego pragnienie jedzenia. Jeśli widzicie, że jest samotny i smutny z tego powodu, wyślijcie mu chęć poznania stojącej obok dziewczyny itd. W tych wypadkach wasze oddziaływanie z zastosowaniem konstrukcji tłumiącej będzie o wiele skuteczniejsze.

Krok 10d. Technika stosowania konstrukcji zastępującej

Ta ostatnia konstrukcja potrzebna jest dla całkowitej transformacji sytuacji w świadomości tarczy. Składa się z wysłanej przez was intencji i współgrającego z nią pragnienia. Z tego wynika, że ze wszystkich zaproponowanych przez nas konstrukcji ta będzie najbardziej skuteczna, ale i będzie wymagała większego mistrzostwa. Co prawda nie można tu nie wspomnieć o jednej ważnej rzeczy: nieumotywowane pragnienie najczęściej zostaje sprawdzone pod kątem logiki i dlatego trzeba będzie je motywować osobno. Można będzie zrobić to samodzielnie (chociażby powiedzieć na głos) i dopiero potem wprowadzić konstrukcję zastępującą, która właśnie uruchomi podświadomy mechanizm realizacji, wiążąc go z zaproponowaną sytuacją.

Jak wyglądają główne metody sterowania podstawowymi myślokształtami ludzkiej świadomości? Stanowią one dość pewny środek operatywno-taktycznej kontroli nad ludźmi. Różnią się od prymitywnego sterowania tym, że wpływają na podświadomość „tarczy", dzięki czemu pracują dość długi czas po zaprzestaniu oddziaływania. W istocie oddziałują na człowieka tak długo, aż same się nie wyczerpią, czyli dopóki nie zostanie wykonany zawarty w nich program i nie zostanie osiągnięty interesujący was rezultat. Przyzwyczaicie się do korzystania ze swoich nowych umiejętności. Oprócz tymczasowych korzyści, które możecie uzyskać, opanowanie tej sztuki pomoże wam układać plany na całkowicie innym poziomie niż ten, na jakim działają zwyczajni ludzie i stawiać przed sobą inne jakościowo cele.

W perspektywie, oczywiście, możecie potrzebować dłuższych rezultatów oddziaływania. Dzisiaj wypracowaliście fundament i zdobyliście niezbędne narzędzia – to świadomie stworzone programy. Ta technika ma wiele wspólnego z przyswojonymi już przez was nawykami stosowania myślokształtów, lecz ponieważ idziemy coraz dalej do przodu, a nie drepczemy w miejscu, opanowanie tej metody wymaga pewnych wysiłków. Z niektórymi prostymi programami moglibyście dać sobie radę już teraz, jednak zalecamy zajmowanie się układaniem i wprowadzaniem programów dopiero po tym, jak całkowicie zintegrujecie się z myślokształtami. Związane to jest z tym, że nieumiejętne próby korzystania z programów są bardzo męczące. Będziecie tracić na nie wiele sił i czasu, niewspółmiernie do rezultatów. Zgodzicie się, że to nie jest przyjemne, dlatego na wszystko jest właściwy czas. Lecz jeśli już dość pewnie korzystacie z myślokształtów, to nalegam, byście zaczęli stosować programy, ponieważ teraz mogą wam zaoszczędzić masę czasu i sił.

ROZDZIAŁ 4.

TECHNIKI DŁUGOTRWAŁEGO DZIAŁANIA, PROGRAMY DLA ŚWIADOMOŚCI

Teraz gdy całkowicie opanowaliście pracę z myślokształtami, przed wami staje nowe zadanie – opanowanie technik stosowania programów. W poprzednim rozdziale już wspominaliśmy o programach, po czym na pewno zauważyliście ważność i skuteczność ich zastosowania. Od razu uprzedzam, że programy to najbardziej złożony problem z poruszanych w tej książce. Do końca zrozumieć można je tylko przy dłuższej i systematycznej praktyce.

Jedno z najczęstszych pytań, na które muszę odpowiadać, brzmi: ile czasu zajmie mi opanowanie programów? Niestety, natura ludzka jest taka, że dążąc do tego czy innego celu, na zapas boimy się przemęczyć. Rozważając, czy warto coś zrobić, czy też nie, zazwyczaj stawiamy sobie pytania: jakiego to będzie wymagało wysiłku i czy gra warta jest zachodu? W stosowaniu takich programów, jak w uczeniu się języków obcych, nie istnieją ograniczenia w zdobywaniu mistrzostwa. Ćwiczyć i doskonalić zdobyte umiejętności możecie nieprzerwanie, nawet do końca życia. Ale cała tajemnica tkwi w tym, że w miarę opanowywania naszej metody przestaniecie traktować ten proces jako naukę. Dla was stosowanie programów stanie się swojego rodzaju filozofią, światopoglądem, nowym stosunkiem do życia. Zrozumcie raz na zawsze, że nasza nauka nie stanowi zbioru jakichkolwiek konkretnych nawyków, które można uzyskać w ciągu kilku dni, a potem zapomnieć; te metody niedługo staną się częścią waszego życia, będą na nie wpływać i uszlachetniać jego jakość. I jeśli opanujecie te metody jak należy, nigdy nie będziecie chcieli z nich zrezygnować. Będą dla was prawdziwym wsparciem w ciągu całego waszego życia. Kolejny przykład. Wasza praca wymagała, by pilnie nauczyć się pracować na komputerze. Poszliście na przyspieszone kursy, popracowaliście w domu i niedługo mogliście dość biegle wspomagać się dobrodziejstwem współczesnej techniki w swojej pracy. Lecz po kilku miesiącach w waszej firmie został zatrudniony profesjonalny informatyk i po jakimś czasie już pamiętaliście niewiele ze zdobytych nawyków, ponieważ przestaliście stosować je w praktyce. Ale wcale tym się nie przejmujecie: gdy będzie taka konieczność, znów sobie przypomnicie. A przy tym ani uzyskanie tych nawyków, ani ich utrata absolutnie nie wpłynęły na was jako na człowieka – pozostaliście tacy sami.

Z systemem DEIR dzieje się inaczej. Nawet jeśli stanie się coś mało prawdopodobnego: doskonale opanujecie jakąś metodę, a potem niespodziewanie dla siebie przestaniecie z niej korzystać (wylądujecie na bezludnej wyspie lub wasze otoczenie stanie się tak idealne, że każda ingerencja będzie pozbawiona sensu), ta wiedza jednak zostanie z wami na zawsze. Oczywiście, można coś zapomnieć, ale odtworzyć to samodzielnie bez trudu uda się każdemu. Lecz wasz światopogląd pozostanie bez zmian, nie mówiąc już o tym, że sama istota tej wiedzy na zawsze pozostanie w waszej duszy, pamięci i na zawsze zachowacie świadomość twórcy zdolnego zmieniać dusze i umysły otoczenia. Ze wszystkiego, co zostało powiedziane, wcale nie wynika, że proces opanowania programów trwa nieskończenie długo. Przy sprzyjających warunkach bardzo szybko będziecie świadkami własnego sukcesu. Wasze osiągnięcia będą zależne przede wszystkim od tego, jak dobrze przyswoiliście materiał pierwszej książki i wzmocniliście własną energetykę, na ile efektywnie rozwiązaliście swoje wewnętrzne problemy, związane z nowym etapem ewolucji (już mówiliśmy o tym w poprzedniej, drugiej książce), jak również opanowaliście metody pasywnego i aktywnego sterowania otoczeniem.

Bardzo szybko będziecie mogli oddziaływać na ludzi, stanie się to waszym odruchem. Zastosowanie programów będzie dla was tak neutralne jak przywitanie się ze znajomym człowiekiem, nawet z tym, kogo niekoniecznie lubicie, przy czym wasz program będzie trwał miesiące i nawet lata. Staniecie się ukrytymi rzeźbiarzami ludzkich dusz, będziecie świadkami, jak ludzie przy delikatnym oddziaływaniu z waszej strony całkowicie szczerze zrobią to, do czego nikt inny nie mógł ich zmusić nawet siłą. Nie istnieje żadna sfera ludzkiego życia, która by była dla was nieosiągalna. Będziecie mogli programować otoczenie na zdrowie, szczęście i miłość. Przy tym będziecie ludźmi zdolnymi nie tylko do harmonizowania swojego życia, lecz i uczynienia otaczających was osób lepszymi i szczęśliwszymi.

Tak więc czym są programy dla psychiki ludzkiej? Naukowcy badający czynności ludzkiego mózgu doszli do następujących wniosków: mózg człowieka, jeśli chodzi o jego funkcjonowanie, jest bardzo podobny do komputera. Możliwe, że takie porównanie nie wszystkim się spodoba, lecz w ten sposób wcale nie próbujemy pomniejszyć znaczenia człowieka, pozbawić go ludzkiej unikalności i we wszystkim upodobnić do mechanizmu. Mówimy tu tylko o niektórych aspektach czynności mózgu. Poza tym jeśli wiadomo, jakie elementy analizować, mechaniczna natura świadomości stanie się całkowicie oczywista. Jak wiemy, wasze wewnętrzne JA wcale nie jest ograniczone intelektem, emocjami, uczuciami itp. Wiemy o tym i dlatego w żaden sposób nie próbujemy dotknąć prawdziwego jądra ludzkiej duszy (to uczucie JA, które nauczyliście się odczuwać, jeszcze nie zostało przez nikogo zbadane). Zastanówmy się jednak, na czym polega podobieństwo ludzkiej świadomości do komputera.

Nieraz zapewne zauważyliście, jaką rolę odgrywa w waszym życiu nastrojenie na te lub inne wydarzenia. Jeśli nakierowujecie siebie w określony sposób, na przykład na sukces i powodzenie lub odwrotnie – na porażkę – wasz program na pewno się zrealizuje. Nawet więcej – większa część tego, co się dzieje w waszym życiu – zarówno złe rzeczy, jak i dobre – tak czy inaczej są przez was dopuszczone lub nawet zaplanowane. Dzieje się tak dlatego, że sami lub na skutek oddziaływania pól energoinformacyjnych programujecie wydarzenia w waszym życiu (jeszcze raz zalecam przypomnienie materiału poprzedniej książki).

Jeszcze w XIX wieku zauważono, że ranni żołnierze zwycięskiej armii dochodzą do zdrowia szybciej aniżeli żołnierze armii pokonanej z podobnymi zranieniami. Dzieje się tak dlatego, że pierwsi są pełni entuzjazmu, by powrócić na front, ponieważ wiedzą, iż przez udział w wojnie uwalniają swoją ojczyznę od wrogów. Oni mają swój program na szybki powrót do szeregów. Ten konkretny program pracuje w ich świadomości i żąda od nich całkowitego poświęcenia własnych sił na osiągnięcie konkretnego rezultatu – uwolnienia ojczystej ziemi od inwazji. Zauważono, że wbrew przerażającym warunkom, w których musieli przebywać żołnierze (chłód, głód, brak podstawowych wygód), choroby występowały w wojsku skrajnie rzadko. Działo się tak dlatego, że psychika człowieka po prostu nie dopuszczała do ich pojawienia się, bo był w niej założony program na fizyczne zdrowie.

Jak widzimy, pewne podobieństwo do programów komputerowych ma jednak miejsce. Uruchamiasz go i zaczyna pracować. Lecz ten program nie był w stanie uchronić człowieka przed negatywnym oddziaływaniem z zewnątrz, na przykład przed zdradą, zranieniem, samowolą przełożonych. Jeśli mógł, to w bardzo nieznacznym stopniu. Dotyczy to tylko tych przypadków, gdy człowiek nieświadomie stosował te techniki, które my już nauczyliśmy się wykorzystywać świadomie.

Jednak program dla ludzkiej psychiki jest bardzo złożony. Nie uda się go po prostu napisać, a następnie wprowadzić. Jest trudniejszy, gdy tworzycie go nie dla siebie, tylko dla innej osoby, którą chcecie sterować. Znając metodę sterowania systemu DEIR już rozumiecie, że planując korzystny dla siebie rezultat, będziecie musieli wprowadzić ten program do świadomości waszej „tarczy", stosując tylko wam dostępne techniki energoinformacyjne. Na początku wyjaśnijmy sobie, na czym polega taki program i jak można go stworzyć.

Teoria programów dla świadomości człowieka

Jak już zapewne wywnioskowaliście z podanych wcześniej przykładów, program to wasza własna myśl w działaniu. Jej cel to realizacja dowolnego konkretnego zadania. Program składa się z czterech elementów. Każdy z tych elementów należy dokładnie sobie uświadomić, w przeciwnym razie niemożliwe będzie wprowadzenie ich w świadomość „tarczy".

Otóż **pierwszym elementem** jest opis lub charakterystyka sytuacji czy napotkanego przez was problemu. Tworząc go musicie dokładnie zwizualizować całą sytuację, którą za moment będziecie wprowadzać w świadomość „tarczy". Wizualizacja powinna być konkretna, bardzo rzeczywista i jednoznaczna w odbiorze.

Drugi element to motywacja do działania. Łączy w sobie uzasadnioną przyczynę waszych kolejnych działań i wynika bezpośrednio z sytuacji, w której człowiek się znalazł.

Trzeci element to obraz lub enneagram działania, do którego prowadziły charakterystyka sytuacji i motywacja do działania. Powinien również być bardzo realny i jednoznaczny. Jeśli sami będziecie w stanie zmieszania i zamętu, podobnie będzie wyglądało postępowanie osoby, na którą wywieracie wpływ.

I w końcu – ostatni, **czwarty element** – to rezultat waszego działania, czyli to wszystko, co planujecie osiągnąć, rozwiązując ten czy inny problem.

Przykładem niech będzie elementarny program, jeden z tych, którym sami codziennie stawiacie czoła.

Przypuśćmy, że wasze dziecko jest chore, ma silny kaszel (to pierwszy element, charakterystyka sytuacji, w której się znaleźliście). Motywację waszych następnych działań (drugi element programu) stanowi to, że chcecie je leczyć. Przy czym dokładnie jeszcze nie wiecie, co mu jest, na ile jego choroba jest poważna. Następnie wasze działanie (trzeci element) to załatwienie domowej wizyty lekarza. Planowany przez was rezultat, który macie zamiar osiągnąć z pomocą leczenia, to zdrowe i aktywne dziecko oraz osiągnięty spokój.

Inny przykład. Zbłądziliście w lesie (sytuacja). Motywacja do działania to wasze pragnienie, by z niego się wydostać, ponieważ w domu czeka na was rodzina, która zaczyna się niepokoić, a poza tym jutro rano musicie być w pracy. Już wyobrażacie sobie, jak zdenerwowani domownicy poszukując was dzwonią na policję, wydzwaniają do wszystkich szpitali i kostnic. Następnie na skrzydłach wyobraźni przenosicie się do waszej firmy i widzicie siebie oczami waszych kolegów i szefa, gdy opowiadacie im, przestępując z nogi na nogę, jaki gęsty i ciemny był las i jak wiele strachu musieliście się najeść.

W tym przypadku moc motywacji sprawia, że może ona znacznie przerosnąć pozostałe elementy programu i poprzez to doprowadzić go do całkowitego wygaśnięcia. Innymi słowy, możecie być tak mocno zaniepokojeni tym, co się stało, że będziecie mieć poważne kłopoty ze stworzeniem enneagramu działania. Nie bez przyczyny mówi się, że gdy człowiek czegoś bardzo chce, desperacko do tego dąży, to coś staje się dla niego nieosiągalne. W tym przypadku moja rada jest następująca: należy obniżyć znaczenie motywacji działania i tylko wtedy przejść do kolejnego etapu programu. Na tym polega jedna z podstawowych zasad układania oraz stosowania programów.

A więc jesteście w lesie. Tak czy inaczej trzeba coś przedsięwziąć. Każdy człowiek w takiej sytuacji działa po swojemu. Ktoś próbuje zorientować się w terenie za pomocą kompasu lub słońca. Ktoś nasłuchuje dźwięków, które by świadczyły o obecności w pobliżu szosy, torów kolejowych, innych grzybiarzy, i idzie w kierunku tych dźwięków; ktoś próbuje zwołać swoją grupę. W każdym przypadku człowiek próbuje opracować jakiś enneagram działania lub kilku kroków, jeśli tego wymaga sytuacja. W ten sposób powstaje trzeci element programu. Wszystko to robi się w nadziei otrzymania określonego rezultatu (czwarty element): powrotu do domu na czas i przyjścia do pracy o określonej porze.

Te programy mogą być bardzo proste, układane przez nas automatycznie nawet dwadzieścia razy dziennie, wtedy nie wymagają żadnej analizy sytuacji i planowania. Lecz mogą być i bardziej skomplikowane. Jeśli chodzi o rozwiązanie jakiegoś złożonego problemu życiowego, tworzenie programów może wymagać nieograniczonego czasu. Jak zapewne wkrótce się przekonacie, najtrudniejszym momentem programu jest jego trzeci element – enneagram działania. W tych przypadkach człowiek nie wie, co konkretnie musi uczynić, aby osiągnąć rezultat. Zrozumiałe, że gdy brakuje chociaż jednego elementu programu, oznacza to, że program jako taki nie istnieje i naturalnie nie będzie mógł zostać uruchomiony.

Zwróćcie uwagę na fakt, że w tych wypadkach, gdy istnieją wszystkie cztery elementy programu, scala się on w jedną myśl. Nie ma takiej konieczności, by świadomość człowieka rozdzielała go na elementy. To jest pomocne tylko dla nas i tylko tymczasowo, aby w pełni zrozumieć mechanizm działania. Przy pełnym zrozumieniu cały program postrzegany jest przez naszą świadomość jako integralna całość. Lecz gdy tylko zostanie przez nas całkowicie uświadomiony, natychmiast powstanie inny dylemat – włączyć jego realizację czy też nie. Przy czym należy zauważyć, że stworzone programy dość często nie zostają uruchomione z tego powodu, że ulegają weryfikacji – w zależności do sytuacji – poprzez intencję lub pragnienie. Taka weryfikacja nie wchodzi w skład programu, lecz jest absolutnie nieunikniona i dlatego ważna.

Dla lepszego zrozumienia powróćmy do naszego pierwszego przykładu: zachorowało dziecko. Jeśli nie chce się wam (pragnienie negatywne) wziąć zwolnienia lekarskiego, nie będziecie dzwonić po lekarzach, tylko wypróbujecie sprawdzone domowe środki: witaminy, gorące mleko, plaster rozgrzewający i zwrócicie się do lekarza tylko w skrajnym przypadku. Jeśli natomiast chętnie posiedzielibyście przez kilka dni w domu (w pracy wasze zwolnienie nikomu nie będzie przeszkadzać, a w domu nagromadziło się wiele nieukończonych spraw i wasza obecność jest tu bardzo pożądana) – bez wahania skorzystacie ze zwolnienia (pozytywne pragnienie). Odgrywa tu rolę już powstała intencja – pójść do lekarza lub nie. Jeśli w podobnych przypadkach nie jesteście raczej skłonni lekceważyć zdrowia swojego dziecka, raczej ta zasada – zawsze zwracać się do lekarza – nie opuści was i teraz. Na pewno zwrócicie się do lekarza, nawet jeśli nie będzie w tym oczywistej konieczności i pójdziecie na zwolnienie. Jeśli zaś w zasadzie nie macie zamiaru tego robić, prawdopodobnie będziecie leczyć dziecko środkami domowymi.

Na podstawie tych przykładów na pewno zrozumieliście, czym jest program, jak działa, i najważniejsze – jaką rolę odgrywa w życiu człowieka. Opanowanie naszej metody daje możliwość bezgranicznego poszerzenia sfery swojego wpływu w wymiarze społecznym i osobistym. A ponieważ większa część naszego sukcesu życiowego zależy od tego, czy umiejętnie potrafimy nawiązywać kontakt z otoczeniem, dla was praktycznie nie będzie istniała sytuacja, której nie moglibyście obrócić na swoją korzyść.

W porównaniu z już poznanymi przez was technikami programy mają jedną dosyć istotną zaletę: ich stosowanie nie wiąże się z jakimikolwiek skutkami ubocznymi, takimi jak odczuwanie nacisku lub kontroli przez „tarczę".

Te programy są całkowicie neutralne i nie wywołują u człowieka najmniejszego braku akceptacji. Jak pamiętacie, nawet oddziaływanie przez bazowe myślokształty powodujące zmiany świadomości „tarczy" w co najmniej połowie przypadków sprawiało występowanie u waszej „tarczy" uczucia zakłopotania i dysharmonii. Człowiek, nawet jeśli jest to „marionetka", w większym lub mniejszym stopniu ma jednak zdolność do analizy sytuacji i dlatego wasze oddziaływanie może być wystarczająco długie, abyście mogli zrealizować swoje plany, ale nie nieskończone.

Programy natomiast w porównaniu z myślokształtami zakładają bardzo subtelne oddziaływanie na podświadomość „tarczy", w sposób naturalny wpasowując się w jej świat zewnętrzny i nie powodując dysharmonii. Kiedyś zapytaliśmy mężczyznę, który w celach leczniczych musiał ulec oddziaływaniu poprzez myślokształty, dlaczego zachował się w tak dziwny i nieoczekiwany dla otoczenia sposób? Czy jego zachowanie było spowodowane cechami osobowości, czy też może w tym momencie coś wytrąciło go z równowagi (tego, w którym momencie na niego oddziaływano, oczywiście mu nie powiedziano). Według jego słów w tamtej chwili przeżywał jakieś dziwne uczucia. Coś w rodzaju mechanizmu obronnego zmierzającego do uwolnienia go od czegoś, co w zupełnie niezrozumiały sposób weszło w jego duszę i zamieszkało tam wbrew jego woli. Uwolnić się, naturalnie, jemu się nie udało. Myślokształt zadziałał bezbłędnie. Lecz wbrew temu, że od tamtego momentu upłynęło dość dużo czasu i samo oddziaływanie dawno już się skończyło, to odczucie z pamięci naszego pacjenta nie znikło.

Zaletą programów jest również to, że można je stosować korzystając z całkowicie różnych metod – energetycznych i werbalnych. Pierwsza metoda polega na bezpośredniej inwazji w świadomość „tarczy" (na tym polega główne podobieństwo do oddziaływania myślokształtów). Stosowanie programów werbalnych nie jest wcale nowością. Niejeden raz zauważaliście, że na wasze postępowanie, a nawet na wasz światopogląd wpływa znajomość z jakimś człowiekiem. Na pewno w waszym życiu byli tacy, co chociaż przez jakiś czas mieli na was nieograniczony wpływ. Przy tym to, co mówili, bardzo często nie różniło się od tego, co słyszeliście od innych ludzi. Po prostu inni nie mogli dobrać klucza do waszej duszy, a ci potrafili. Inni mogli wmawiać wam to samo lub odwrotnie, treści całkowicie przeciwne, lecz to wszystko was w ogóle nie obchodziło.

Dlaczego za jednym człowiekiem ludzie pójdą wszędzie, uważając go za swojego lidera, a za innym, nawołującym do tego samego – nie? Dlaczego u jednej nauczycielki muzyki wasze dziecko nie tylko ma marne rezultaty, ale w ogóle wykazuje brak jakichkolwiek zdolności muzycznych, a u innych natomiast zdolności pojawiają się ni stąd, ni zowąd, a przy okazji pracowitość? Można bez trudu domyślić się, że osoby te potrafiły oddziaływać – czasami świadomie, a czasami nie – na otoczenie; ludzie naokoło nich stawali się żywym ucieleśnieniem ich idei i dążeń.

Stosowanie programów zazwyczaj ukrywa się pod zawoalowanym słownictwem (sztuka retoryki, dyplomacja, psychologia kontaktów międzyludzkich), lecz my powinniśmy uporządkować wszystkie te hasła i pojęcia. Przecież za tymi słowami ukryte są metody kontroli poprzez cudzą psychikę, której ulegamy codziennie w naszym życiu. Jednak te techniki nie mogły osiągnąć prawdziwej doskonałości właśnie z powodu maskowania się. W systemie DEIR, chwała Bogu, wszystko jest na swoim miejscu. W tym rozdziale poznacie programy umożliwiające manipulację cudzą świadomością, a w następnym inne techniki, które przyniosą wam wiele korzyści. A więc już wiecie, co to jest program i jaką rolę odgrywa w trakcie oddziaływania. W jaki sposób program się tworzy i jak można ingerować w ten czy inny program?

• ***System nawyków DEIR*** Stopień 3.

Krok 11. Układanie programów dla cudzej świadomości

Na początkowych etapach nauki stosowania programów praktycznie nie sposób korzystać tylko z metod energoinformacyjnych. Wiąże się to z tym, że bardzo trudno jest uwzględniać cały ogół obrazów i ich wzajemnych powiązań, charakterystycznych dla wewnętrznego świata „tarczy". Dlatego teraz nie będziemy rozpatrywać sytuacji oddziaływania na otoczenie tylko za pomocą metod energetycznych. Przyjmijcie do świadomości fakt, że wbrew całej złożoności takie oddziaływanie jest całkiem możliwe, lecz jeszcze nie teraz. Stanie się to realne, jeśli będziecie stale udoskonalać technikę zapożyczania obrazów ze świadomości waszej „tarczy" i dzięki ciągłym ćwiczeniom rozwiniecie w sobie coś w rodzaju pełnej telepatii oraz umiejętności bezpośredniej kontroli innych ludzi. Na danym etapie naszego nauczania jest to niemożliwe. Dlatego w praktyce wykorzystujemy kilka wariantów oddziaływania kombinowanego.

Pierwszy wariant polega na tym, że program zostaje zdefiniowany słownie, przy tym jest wspierany w sposób energoinformacyjny na poziomie pragnienia.

Pokażę to na konkretnym przykładzie. Przypuśćmy, że w domu skończyły się produkty i trzeba kogoś z waszych leniwych członków rodziny wysłać na zakupy. Polubownie nie można załatwić sprawy (mąż tradycyjnie leży na tapczanie z gazetą, starsza córka gada przez telefon ze swoim chłopakiem, wy zaś zajmujecie się młodszym synem i nie możecie wyjść z domu). Oni wszyscy trwają w stanie błogiego spokoju o swoje żołądki, ponieważ są przekonani na 100%, że coś na pewno wymyślicie i sytuację utrzymacie pod kontrolą. A w dodatku z boku wszystko wygląda tak, jak gdyby obiad był potrzebny tylko wam i że w tym domu tylko wam chce się jeść. Pozostaje wam tylko albo urządzić awanturę i wywołać irytację wszystkich członków rodziny, albo pójść na zakupy, czym jeszcze bardziej ich zepsujecie. Może być i trzeci wariant – zastosowanie techniki manipulacji na kimś z członków waszej rodziny. Myślę, że teraz wybierzecie ostatni wariant.

Najpierw wybierzcie tego z domowników, który w kwestii zakupów będzie bardziej przydatny. Jeśli córka nie jest przyzwyczajona do prac domowych, wybór raczej padnie na męża. Potem ułóżcie program werbalnie, nie pomijając żadnego z elementów. Zabrzmi mniej więcej w taki sposób: „W domu skończyły się produkty. My i dzieci musimy coś jeść. Zrób zakupy, żebym mogła zrobić obiad". Jeśli macie całkowite zaufanie do kulinarnych gustów męża, możecie nie uwzględniać w swoim programie, co konkretnie ma kupić – kupi to, co lubi najbardziej. Jeśli natomiast macie pewne wątpliwości w kwestii tego, na co wyda pieniądze, zróbcie mu szczegółowe zamówienie, wyliczając wszystko, co ma kupić: mięso, rybę, ser, jabłka itd.

Wypowiadając program, dajecie jednoczesne wsparcie energoinformacyjne programowi na poziomie pragnienia. Na przykład wprowadźcie do świadomości męża pragnienie, by smacznie zjeść („chcę schabowego z frytkami"). Nauczyliście się już wprowadzać pragnienia – z tym nie będzie problemów. W tym wypadku mąż na pewno dostarczy do domu schab i ziemniaki. W tej sytuacji „tarcza" samodzielnie tworzy u siebie intencję działania i zazwyczaj następuje ono natychmiast.

Drugi wariant oddziaływania polega na tym, że słownie zostaje wypowiedziany tylko obraz działania, z jednoczesnym energoinformacyjnym wsparciem rezultatu. W naszym przypadku enneagram działania to „pójść na zakupy", pozostałej części programu wypowiadać nie trzeba. Wymawiając taki element programu przeprowadźcie potężne energoinformacyjne wsparcie jego rezultatu – zjeść smaczny obiad. Dobrze, jeśli zawiera w sobie element pragnienia w istocie pokrywający się z rezultatem. W tym wypadku obraz rezultatu zostanie wykorzystany przez świadomość waszego męża („tarczy") jako okoliczności dla stworzenia pragnienia. Intencja działania również stanowi produkt (owoc, rezultat) działalności jego psychiki.

Ten wariant wywołuje odrobinę spowolnioną reakcję w porównaniu do poprzednich: wymawiacie tylko jeden z elementów programu, dlatego „tarcza" musi samodzielnie zbyt wiele „wyświetlić" w swojej świadomości. Jednak ten sposób ma pewne zalety. Po pierwsze, pozwala zaoszczędzić siły oddziałującego (dla kobiety łączącej prace domowe z pracą zawodową lub mężczyzny umęczonego załatwianiem mnóstwa ważnych spraw, stanowi to dość istotny czynnik); po drugie, ten sposób bardziej organicznie wpisuje się w świadomość „tarczy", przecież w tym wypadku motywacja działania jest jej własna.

Trzeci wariant polega na werbalizacji obrazu działania i jednoczesnego potężnego energoinformacyjnego wsparcia intencji działania. Ten wariant może być bardzo skuteczny w stosunku do współpracowników, z którymi trudno się porozumieć w zwyczajny sposób. Dlatego przy komplikacjach w pracy właśnie ten wariant jest najbardziej przydatny. Przypuśćmy, że macie pewne ciekawe pomysły, których realizacja pozwoliłaby znacznie podnieść miesięczne dochody wasze i waszych współpracowników. Lecz wiecie również to, że jedynym warunkiem ich zrealizowania może być wasz awans w pracy, do czego szef wcale się nie pali – ma swoich bardziej „przydatnych" kandydatów. Co w tej sytuacji można zrobić? Naturalnie stosować nie wulgarne, prymitywne metody oddziaływania, z których na danym etapie swojego rozwoju już wyrośliście, lecz programy. Prawdopodobnie możecie „pomóc" swojemu szefowi zapragnąć przyznania awansu nie komuś innemu, tylko wam. I to jego pragnienie musi być bezgranicznie szczere. W tym wypadku możecie liczyć, że zajmowanie przez was nowego stanowiska będzie trwać długo i szczęśliwie. Wypowiadacie trzeci element programu, np.: „Chcę objąć stanowisko kierownika sekcji badań marketingowych", jednocześnie uruchamiając mocne wsparcie energoinformacyjne intencji działania. Wprowadzić intencję już potraficie. W tym wypadku wszystkie motywy dla siebie będzie musiała odnaleźć sama „tarcza", czyli wasz szef – on sam sobie odpowie na pytanie – dlaczego musi pomóc wam w karierze? Jeśli technika zostanie wykonana prawidłowo, zacznie działać prawie natychmiast, co prawda ze strony waszej „tarczy" może pojawić się pewien opór. Lecz dzieje się tak nieczęsto, ponieważ przy pracy z „marionetką" przyzwyczajoną do całkowitego podporządkowania pasożytniczemu polu energoinformacyjnemu, to najpewniejszy sposób. Poza tym taki sposób kontaktu tworzy u „tarczy" przyzwyczajenie do podporządkowania się. Zewnętrznie wasz szef nie zmienia się, jeśli nie pretendujecie na jego miejsce, lecz coraz częściej będzie brał pod uwagę wszystko, co mówicie, i będzie się liczył z waszą opinią. Naturalnie w relacjach zawodowych może to być bardzo korzystne.

Czwarty wariant polega na słownym opisie sytuacji i potężnym energetycznym motywowaniu pragnienia. Wróćmy do naszego przykładu: kobieta wysyła męża na zakupy. Jaka jest charakterystyka sytuacji w tym przypadku? Powiedzmy: „W domu nie ma nic do jedzenia!". Wypowiadając te słowa, musicie zapewnić mocną energetyczną motywację pragnienia. Zostaje taka sama – smacznie zjeść. Ponieważ świadomość „tarczy" wypracowuje intencję samodzielnie, na rezultat trzeba będzie trochę poczekać. Przecież wasza „tarcza" powinna dojrzeć do oczekiwanego od niej działania. Lecz jeśli jeszcze nie całkiem umarliście z głodu, jakieś dziesięć – piętnaście minut nie będzie odgrywać tu dużej roli! Za to wasz mąż będzie całkowicie i głęboko przekonany, że wszystko, co uczynił, to owoc jego osobistej, przez nikogo niesprowokowanej troski o kochaną rodzinę.

Piąty wariant polega na łączeniu konstrukcji i enneagramu działania. Z poprzedniego rozdziału dowiedzieliście się, że konstrukcja składa się z kombinacji intencji i pragnienia. W naszej sytuacji możecie wprowadzić w świadomość „tarczy" (męża) pragnienie natychmiastowego pokonania głodu i odpowiednią intencję. Jak pamiętacie, na skutek stosowania konstrukcji „tarcza" z reguły przeżywa niesprecyzowane uczucie niepokoju lub zagubienia. Gdy zobaczycie, że mąż z własnej i nieprzymuszonej woli wstał z tapczanu i zaczął chodzić z kąta w kąt, jakby czegoś szukał, zapytajcie go, czym jest zaniepokojony i czy nie będzie chciał zaczerpnąć świeżego powietrza, a przy okazji wpaść do sklepu – z przyjemnością dla siebie i z korzyścią dla rodziny. Tak jak w poprzednim przypadku „tarcza", chociaż odczuwa pewien niepokój na początkowym etapie oddziaływania, nie dostrzega żadnego ucisku z waszej strony. Wręcz przeciwnie, będzie tylko wdzięczna za myśl podpowiedzianą we właściwym czasie: przecież w ten sposób pomagacie wypełnić uczucie pustki, które gwałtownie ją ogarnęło.

I ostatni, **szósty wariant**. Polega na wypowiadaniu głośno rezultatu programu, jego czwartego elementu z jednoczesnym mocnym wsparciem energetycznym intencji. Użyjemy tego samego przykładu. Rezultatem działania musi być smaczne jedzenie. Zdefiniujcie ten rezultat w sposób przejrzysty i jednoznaczny. Na przykład: „Przygotujmy bardzo dobry obiad". Przy tym nastąpi zabezpieczenie energetyczne intencji. W tym przypadku obraz rezultatu będzie wykorzystany przez świadomość „tarczy" w postaci warunku dla wypracowania pragnienia. Ten sposób zazwyczaj nie od razu wywołuje reakcję, lecz jest naturalnie przyjmowany przez świadomość „tarczy", przecież motywacja działania – pójść do sklepu – należy osobiście do niej.

Tak wygląda ogólna technika stosowania programów. Rozpatrzyliśmy sześć wariantów ich wykorzystywania. Może powstać pytanie: który z tych sposobów należy stosować praktyce? Niedługo bez trudu będziecie sami o tym decydować. Sytuacja sama podpowie.

Nie bez przyczyny przedstawiliśmy te warianty na najprostszych przykładach. Bez względu na to, jak złożony jest problem, który chcemy rozwiązać, zasada pracy programu zawsze jest ta sama. I najlepiej zaczynać od prostych sytuacji, których charakterystyka i opis działania składają się z jednego komponentu. W przyszłości, w miarę nabywania doświadczenia, będziecie mogli rozwiązać i inne, bardziej skomplikowane problemy. Na danym etapie już swobodnie korzystacie ze swojej energetyki i z tego powodu posiadacie bardzo wiele z tego, co dla człowieka ze zwyczajnym materialistycznym poglądem jest wprost nieosiągalne.

W swoim otoczeniu cieszycie się niezmiennym autorytetem, ale potrzebujecie więcej – aby programy wprowadzane w świadomość innych osób utrzymywały się tam jak najdłużej – jeśli trzeba, to i przez całe życie.

Wszystkie programy, o których będziemy mówić, wyróżniają się jedną ważną właściwością. Wiecie już, że na skuteczną realizację tak myślokształtów, jak i programów, ogromny wpływ ma pragnienie. Właściwość, o której mówię, polega na tym, że pod postacią okoliczności pragnienia musicie utwierdzić ogólny warunek, który będzie współgrał z rezultatem działania – obojętnie jakim – pozytywnym lub negatywnym. Na przykład zakładacie „tarczy" program na niepowodzenie w działaniu. Przy tym musicie założyć negatywne pragnienie w stosunku do celu na poziomie energetycznym i wyznaczyć w postaci werbalnej ten sam cel, do którego dąży „tarcza", niech on będzie nawet pozytywny. Trudne? Wcale!

Przypuśćmy, że jeden z waszych bliskich krewnych postanowił spędzić urlop na Kaukazie, gdzie jest bardzo niespokojnie. Żadna argumentacja, że niebezpiecznie jest tam się teraz wybierać, na niego nie działa – jedzie z przyjaciółmi, to dawno zostało ustalone i nie będzie gorszy od innych. Wy natomiast trzeźwo oceniając sytuację, staracie się mu w tym przeszkodzić. Wariant zadziałania przez program może być następujący. Mówicie do niego w ten sposób: „Tak, rzeczywiście, musisz koniecznie pojechać na Kaukaz. To piękne miejsce, ze wspaniałym klimatem, poza tym taka możliwość może się już nie powtórzyć." Ale przy słowach „pojechać na Kaukaz" wprowadźcie potężne negatywne pragnienie. W rezultacie wszystkie jego następne działania, skierowane na osiągnięcie nazwanego celu, będą miały charakter niekonsekwentny i nie zakończą się sukcesem. Na planie fizycznym może przejawiać się to na różne sposoby: wasz krewny i jego paczka przegapią moment, kiedy trzeba będzie wykupić bilety, albo sami się rozmyślą i wybiorą na spokojny wypoczynek inne miejsce. Wam powiedzą, że ten nowy wariant ich bardziej interesuje lub coś w tym rodzaju.

Teraz, gdy zorientowaliśmy się w technice tworzenia i realizacji programu, rozpatrzmy różne warianty programów, wykorzystywanych w tych czy innych życiowych sytuacjach. Polecam waszej uwadze siedem rodzajów programów, które najczęściej są wykorzystywane w życiu codziennym.

Oczywiście w życiu realnym może być ich o wiele więcej. Sami pomyślcie: różni ludzie stawiają przed sobą różne cele, przeżywają nieskończoną ilość różnych sytuacji. Naturalnie, że wytwarzane przez nich programy nie mogą być jednakowe. Niemniej jednak są to główne typy istniejących programów. Gdy nauczycie się z nimi pracować, będziecie mogli je łączyć w zależności od wymagań konkretnej sytuacji. A więc te programy, z którymi będziemy teraz pracować, umownie można podzielić na pozytywne, zadaniem których jest wspomaganie realizacji wytyczonych celów, i negatywne, które mają przeszkodzić w realizacji ułożonych przez „tarczę" planów.

Będziemy mówić o czterech pozytywnych programach.

Krok 11a. Program utrwalania reakcji

Istota pierwszego programu polega na tym, by utrwalić w świadomości „tarczy" reakcję na wasze działania lub słowa. Oczywiście, podobnie jak przy stosowaniu wszystkich innych typów programów, najważniejszy jest jego rezultat. Rezultatem tego programu jest emocjonalna reakcja „tarczy".

Jak wiadomo, często powodzenie w różnych sferach naszego życia zależy od przychylności ze strony otoczenia. Człowiek, który cieszy się sympatią innych, odniesie sukcesy w pracy i w miłości łatwiej niż ktoś inny. Być może uznanie tego faktu jest nieprzyjemne, ale to prawda: ani talent, ani intelekt, ani pracowitość i siła przebicia razem wzięte nie odgrywają w życiu człowieka takiej znaczącej roli jak umiejętność podobania się ludziom. Czegóż się nie robi, aby zyskać czyjąś przychylność! Ilu pochlebców na przestrzeni dziejów uwijało się naokoło każdego naczelnika – od dużego do najmniej znaczącego! Gdzieś niezauważalnie znikało ich poczucie własnej godności, co w ogóle jest naturalne: w danych okolicznościach jest ono wprost zbędne. Ci zaś, którzy nigdy nie szli na żadne kompromisy z własnym sumieniem, w większości żyli bardzo skromnie i do niczego nie pretendowali.

Zresztą zawsze istniała również trzecia kategoria ludzi, niezbyt liczna, ale zdecydowanie zauważalna. Psycholodzy nazywają ich często „geniuszami kontaktów". Wszędzie, gdzie się pojawiają, zawiązują przyjacielskie lub towarzyskie kontakty. Wszyscy i wszędzie cieszą się z ich obecności i gotowi są przyjść im z pomocą. I wcale nie chodzi o to, że oni zawsze wyróżniają się pozytywnymi cechami w klasycznym pojęciu tego słowa lub mnóstwem niesamowitych zalet. Zdarza się nawet odwrotnie. A jednak podobają się ludziom, ponieważ – świadomie lub nieświadomie – potrafią wywołać u innych odpowiednią emocjonalną reakcję w stosunku do siebie.

Ponieważ kontakty z ludźmi są nieuniknione we wszystkich sytuacjach życiowych, użycie tego programu może być bardzo przydatne. Określiłbym go nawet jako podstawowy i z tego powodu praktykę stosowania programów radzę zaczynać właśnie od niego. Jak już powiedziałem, wykorzystywany jest we wszystkich sferach kontaktów międzyludzkich – zawsze gdy trzeba mocno utrwalić reakcję rozmówcy na naszą osobę. Oczywiście, jeśli wymaga tego sytuacja, można utrwalić również reakcję negatywną na siebie, powiedzmy nieżyczliwość, irytację, brak zaufania itd. Lecz są to przypadki wyjątkowe i teraz ich rozpatrywać nie będziemy. Myślę, że w najbliższej przyszłości nie będą wam potrzebne. Poza tym zasada programowania pozostaje taka sama. Najprostszy przykład: macie już dość tego, że przy przyznawaniu premii szefostwo, z nieznanego powodu, zawsze was omija. Jesteście przekonani, że jeśli nie pracujecie lepiej od innych, to na pewno nie gorzej. Ktoś dostaje o wiele więcej, niż mu przysługuje, a do waszej kieszeni nic nie wpada. Przez nikogo nie zostaje zauważone, że czasami zostajecie po godzinach, że pracę wykonujecie zawsze w terminie i nawet przed terminem. Przy czym wasz szef zawsze próbuje podrzucić wam dodatkowe zlecenie. Pewnie obawia się, że będziecie się nudzić. Nigdy nie odmawiacie, ale drażni was jego nieukrywana obojętność w stosunku do was jako do podwładnego.

Co w tej sytuacji można zrobić? Utrwalić w przełożonym pozytywną reakcję na waszą pracę. Jeśli szef uważa wasz odpowiedzialny stosunek do pracy za coś naturalnego, prawdopodobnie najpierw trzeba będzie te reakcje u niego wzbudzić. Jeśli do tej pory nic nie miał przeciwko wam i traktował was raczej neutralnie, to nie będzie to trudne. Trzeba tylko zmusić go, by zwrócił na was uwagę i przedstawić owoce swojej pracy w jak najlepszym świetle. Na pewno dla was to będzie pestka. Zdecydujcie się tylko, którą reakcję chcecie utrwalić: wdzięczność, radość, dumę, że ma się takiego pracownika, lub jeszcze coś innego. W naszym przypadku prawdopodobnie będziecie chcieli odczuć jego wdzięczność, również z przełożeniem na finanse. A więc celem programu będzie utrwalenie reakcji wdzięczności za waszą pracę.

Na początku stwórzcie program, który planujecie wprowadzić w świadomość swojego szefa. Jak już wiecie, program musi koniecznie łączyć cztery punkty: charakterystykę sytuacji, motywację działania, enneagram działania i jego rezultat (wdzięczność). Technicznie ten program uruchamia się w następujący sposób. Nie ma sensu mówienie na głos całego ułożonego przez was programu. Wystarczy wypowiedzieć czwarty punkt – rezultat programu. Na przykład: „Będę bezgranicznie wdzięczny..." Słowo „będę" zatrzymuje się w podświadomości „tarczy" i rozpoczyna swoje na nią oddziaływanie. Czyli wdzięczność będzie odczuwać właśnie „tarcza". Samo zaś zdanie „będę wdzięczny" umysł „tarczy" odbierze jako skutek naszej, a nie jej chęci podziękowania komuś. I dlatego w ogóle nie zwróci uwagi na te słowa. Przy czym drugą połowę zdania „za wspaniale wykonaną pracę" na głos mówić naturalnie nie należy. W tej sytuacji będzie to nie na miejscu. Wymawiając czwarty element programu, utrwalcie go poprzez mocne energetyczne wprowadzenie pozytywnego pragnienia. To wszystko powinno zapewnić wam sukces. Jak pamiętacie, w tym rozdziale zademonstrowaliśmy sześć wariantów programowania. Dane programowanie na utrwalenie reakcji wdzięczności u „tarczy" jest realizowane z wykorzystywaniem szóstego wariantu, gdy rezultat sytuacji kształtujemy werbalnie z jednoczesnym mocnym energetycznym wsparciem pragnienia. Oczywiście techniczna realizacja programu może być różna. Moim zdaniem zaproponowana przez nas jest najbardziej odpowiednia, lecz bardzo możliwe, że gdy opanujecie ten program w wystarczającym stopniu, będziecie mieli inne zdanie na ten temat. Wasz wybór będzie zależny od wielu przyczyn, przede wszystkim od tego, w jakiej sytuacji i z jakimi ludźmi będziecie mieli do czynienia, jaką informację można będzie im przekazać werbalnie, a jaką nie. W każdym razie możliwe są warianty i wybierać je będziecie według swoich upodobań.

Krok 11b. Program całkowitego zaufania

Drugi pozytywny program polega na tym, by wywołać u „tarczy" bezkrytyczny odbiór waszych wypowiedzi i postępowania. Stosowanie go bywa bardzo korzystne w takich sytuacjach, gdy musicie zapewnić sobie całkowitą zgodę „tarczy" na to, co mówicie i robicie. Przy czym w odróżnieniu od poprzedniej sytuacji, ta zgoda powinna bazować nie na pozytywnym do was stosunku, lecz na tym, że wasza propozycja zmusza „tarczę" do rzeczywistej z wami zgody. W tym przypadku idzie wam na rękę nie dlatego, że w jakiś sposób emocjonalnie na was reaguje, a dlatego, że nie potrafi znaleźć powodu, żeby z wami się nie zgodzić. Wszystko, co wychodzi od was, „tarcza" przyjmuje bez najmniejszej logicznej oceny. Dla przykładu wykorzystujemy poprzednią sytuację. Wprowadzimy do niej tylko niewielkie uzupełnienia. Teraz będziemy realizować sterowanie z wykorzystaniem już innego programu i odpowiednio w innym technicznym wykonaniu. Ten przykład pomoże wam uświadomić, w jakim stopniu przeplatane są ze sobą wszystkie programy, i jednocześnie zrozumieć pewną umowność ich rozgraniczenia: przecież jak już się domyślacie, różne w swojej istocie programy mogą być stosowane w analogicznych sytuacjach.

Przykład raz jeszcze dotyczyć będzie podziału finansów. Wszystko dzieje się w instytucji budżetowej. Przypuśćmy, że zdecydowana większość pracowników, w tym i wy, cierpi z powodu niskich pensji. W tym czasie szefostwo żyje z dotacji wielu prywatnych firm, z którymi wasza instytucja współpracuje. Lecz do szeregowych pracowników te pieniądze naturalnie nie trafiają, zostają w kieszeniach dyrekcji. Ale w tej sytuacji oni nigdy nie przegapią okazji, by zarzucić wam, że źle pracujecie, spóźniacie się lub często bierzecie zwolnienia lekarskie. W tych okolicznościach dokonacie całkiem umotywowanego oddziaływania na dyrektora, utrwalając w jego świadomości konieczność polepszenia sytuacji materialnej pracowników poprzez regularne przyznawanie premii (możemy nazwać to pomocą finansową). Samo na pewno nie przyszło mu to do głowy.

Techniczna realizacja programu wygląda następująco: najpierw trzeba zwerbalizować obraz działania i jego rezultat, dodając niezbędną formułę zaufania typu: „Dla pana bardzo ważne w tej sytuacji jest uzyskanie wsparcia całego kolektywu". Lub: „W rozwiązaniu tego problemu bardzo pomoże panu finansowe stymulowanie naszych pracowników". Obraz rezultatu stanowiący werbalną podstawę programu może być następujący: „Powinien pan osiemdziesiąt procent środków uzyskanych od firm prywatnych dawać pracownikom" (nie warto obawiać się, że ta liczba jest nierealna; zasłużyliście na te pieniądze i musicie nauczyć się walczyć o swoje interesy. Tu wszystko zależy od mocy i kunsztu waszego oddziaływania). Do stworzonego w świadomości szefa rezultatu oddziaływania dodajcie mocne i dynamiczne wprowadzenie obrazu intencji. Jeśli sytuacja tego wymaga, utrwalcie w jego świadomości również przyczynę: „W przeciwnym razie wszyscy się zwolnią, a instytucję trzeba będzie zamknąć i będziesz dyrektorem tylko dla siebie". Kilka powtórek takiej sytuacji i wasz szef zacznie słuchać waszych rad, i to nie tylko natury finansowej.

Krok 11c. Program gotowości przyjścia z pomocą

Sens kolejnego, trzeciego programu, który za chwilę poznamy, polega na wywołaniu u waszej „tarczy" stanu gotowości udzielenia wam pomocy. Myślę, że zgodzicie się ze mną, iż opanowanie tego programu pozwoli wam wyjść cało z każdej, nawet najbardziej skomplikowanej sytuacji. Aktualność tego programu szczególnie wzrasta w tych wypadkach, gdy w ogóle nie ma co liczyć na pomoc.

W pewnym stopniu dany program pokrywa się z programem skierowanym na utrwalenie reakcji emocjonalnej na wasze działanie i słowa. Różnica tkwi w tym, że ten program wyznacza bardziej konkretne cele, których realizacja jest w większym stopniu odczuwalna. Utrwalenie takiej reakcji jak, powiedzmy, wdzięczność lub jakiejkolwiek innej, radości, sympatii, jest możliwe i stworzy określony grunt do tego, by ludzie wam przy okazji pomogli. Lecz jeśli ktoś żywi do was sympatię lub cieszy się na wasz widok, to jeszcze nie gwarantuje, że rzuci się ku wam z pomocą na pierwszą waszą prośbę. Może po prostu mieć inne plany. Ale zdarza się również odwrotnie: traktuje was z rezerwą, niemniej nie odmówi pomocy.

Taki właśnie cel stawiamy teraz, wprowadzając ten program: „Potrafię w każdej sytuacji uzyskiwać od otoczenia niezbędne wsparcie". Możliwość uzyskania pomocy od otaczających was osób w każdym momencie jest o wiele lepsza aniżeli uzyskiwanie analogicznego rezultatu, ale za pomocą pieniędzy lub znajomości. Przyczyna jest ta sama: w waszym przypadku ludzie działają szczerze, a nie dlatego, że mają nadzieję uzyskania czegoś w zamian. To znaczy, że dawane wam wsparcie jest o wiele pewniejsze. W tym wypadku wymawiamy na głos enneagram działania i jego rezultat. Przy czym energoinformacyjne wsparcie należy wysłać na czwarty element programu – rezultat. Stosowanie tej techniki, bazującej na waszym energoinformacyjnym wsparciu, zmusza „tarczę" do wypracowania własnego pragnienia i intencji. Wasz cel staje się dla niej podświadomym warunkiem realizacji jej pragnienia.

Polecam waszej uwadze kolejny przykład. Wydarzenia, które wkrótce przedstawię, zaszły w rodzinie mojej dobrej znajomej, która jako kobieta mądra i energiczna, nieźle opanowała technikę wprowadzania programów i właśnie nastąpił moment, że została zmuszona do zastosowania tych nawyków nie w stosunku do obcych, lecz do członków własnej rodziny. Przyczyną tej sytuacji stał się problem mieszkaniowy. W trzypokojowym mieszkaniu już mieszkało siedem osób. Sytuację dodatkowo skomplikowało to, że młodszy brat mojej znajomej miał zamiar się ożenić i młodą żonę prowadzić do swojego domu. Rodzina była zgrana, wszyscy się kochali i każdą nową osobę przyjmowali z radością. Ale wiadomo, że młoda rodzina ma tendencję do rozrastania się i wkrótce liczba mieszkańców zwiększyłaby się do dziewięciu. W końcu wszystko ma swoje granice! Wszyscy to rozumieli i brat – narzeczony, również. Trzeba było jak najszybciej coś wymyślić. Ale co? Nie wiedział nikt. W rezultacie wszyscy pogodzili się z tą sytuacją, nie znajdując żadnego z niej wyjścia. Wyjście natomiast było – i to całkiem realne. Trzeba było tylko trochę się wysilić, czego temu młodemu człowiekowi wcale się nie chciało. Wyjście z podobnej sytuacji znaleźli już ich sąsiedzi z działki. Wybudowali obok jeszcze jeden domek, sprzedali go, a pieniędzy wystarczyło na znaczne polepszenie ich sytuacji mieszkaniowej. Brat – narzeczony był „złotą rączką" i dla niego nie stanowiło problemu wybudowanie średnich rozmiarów domu w ciągu kilku miesięcy. Poza tym miał jeszcze przyjaciół, którzy z przyjemnością mogli mu pomóc, za symboliczną opłatą, ukończyć budowę. Później oczywiście ten dom trzeba było korzystnie sprzedać, ale moja znajoma wzięła to na siebie. Problem polegał tylko na tym, by zmusić brata, który w ogóle nie wierzył, że to ma sens, aby wziął się do roboty. A jednak udało się tego dokonać i stało się to w następujący sposób.

Jak już wspomnieliśmy, dla technicznej realizacji programu należy wypowiedzieć trzeci i czwarty jego element. Mogłyby one brzmieć następująco: „Należy wybudować ładny domek letniskowy i go sprzedać. Pozwoli to nam powiększyć mieszkanie lub dokonać korzystnej zamiany". Jednocześnie znajoma zastosowała energoinformacyjne wsparcie rezultatu. To oddziaływanie energetyczne wytworzyło własne pozytywne pragnienie i intencje. W rezultacie cel mojej znajomej = powiększenie przestrzeni mieszkaniowej – stał się dla jej brata podświadomym warunkiem realizacji jego osobistego pragnienia. W swojej istocie pragnienie to całkowicie zgadzało się z celem.

Czy brat domyślił się tej manipulacji? Pewnie, że nie. Był przekonany, że sam do tego doszedł, że od początku do końca był to jego pomysł. Najważniejsze, że moja znajoma przyznała mu się do tego wszystkiego – chciała sprawdzić jego reakcję. On się oburzył, ponieważ w żadne energoinformacyjne oddziaływanie nie wierzył. W rzeczy samej – człowiek podjął decyzję, by rozpocząć takie poważne przedsięwzięcie, stracił na to tyle czasu i siły, a gdy wszystko zostało wykonane, dano mu do zrozumienia, że w rzeczywistości jest tylko pionkiem! Aby się nie kłócić, przestali go dalej przekonywać.

Krok 11d. Program na wzmocnienie determinacji

Teraz przyszła kolej na ostatni pozytywny program – czwarty. Jego istota polega na tym, że wzmacnia on determinację „tarczy". Ten program, jak niedługo się przekonacie, jest najłatwiejszy spośród poznanych przez was wcześniej. Związane jest to z tym, że stosowany jest głównie w tych przypadkach, gdy podstawowa praca z „tarczą" albo już została przeprowadzona, albo nie była potrzebna. Musicie tylko pomóc konkretnemu człowiekowi w osiągnięciu tego, czego on w gruncie rzeczy sam pragnie.

Od strony technicznej ten program wygląda następująco. Aby go włączyć, należy wymówić na głos wszystkie jego cztery elementy oraz wykonać osobne wzmocnienie energetyczne na rezultat.

Wyobraźmy sobie, że waszemu synowi grozi pobór do wojska, przed czym z pewnych powodów zdecydowanie się bronicie. Wasze dziecko jest wrażliwe, często choruje, nieprzyzwyczajone jest do bezwzględnego traktowania. Poza tym sytuacja na świecie jest tak niespokojna, że wasze dziecko może nie powrócić do domu, lecz dla rozwiązania tego problemu nie chcecie podejmować żadnych kroków niezgodnych z prawem. Poza tym chcecie, by wasz syn zdał na studia. To automatycznie zwolniłoby go z wojska. Korzyść z dostania się na studia byłaby podwójna: i dla młodego umysłu dobra, i w sercu matki zagości spokój. Wydawałoby się, że wyjście jest odnalezione, każdy krok przemyślany, ale wasz dureń nie chce się uczyć. Całkowicie zdaje sobie sprawę ze swojej trudnej sytuacji, przyrzeka, że wkrótce się zmieni, sam przeżywa, a jednak po lekcjach leci grać w piłkę, zamiast siedzieć nad matematyką. Teraz za późno już jest, by rozwodzić się nad tym, czego brakuje waszemu dziecku – chęci do nauki, zdolności, a może brak charakteru sprawia, że jego osiedlowa paczka kręci nim jak chce. Nad tym trzeba było zastanawiać się wcześniej. Teraz jedno jest najważniejsze: jeśli czegoś pilnie nie zrobicie, wasze rozpieszczone i nie całkiem zdrowe dziecko pójdzie do wojska. Prawdopodobieństwo tego, że po wojsku będzie mógł otrzymać jakieś wykształcenie, jest bardzo niewielkie; czego jak czego, ale zdolności do pracy umysłowej po wojsku mu raczej nie przybędzie.

Niezawodny sposób na rozwiązanie problemów w tej sytuacji to zastosowanie programu skierowanego na wzmocnienie determinacji „tarczy". Recytujecie synowi cały program, brzmiący mniej więcej w ten sposób: „Synu, biorąc pod uwagę twoje wyniki w nauce, możesz pójść do wojska (pierwszy element programu). Musisz tego uniknąć (drugi element). Zdaj na studia (trzeci element) i będziesz miał zwolnienie (czwarty element)". Głównym momentem tego programu jest postawienie energetycznego akcentu na rezultacie. Jeśli nawet intencja i pragnienie „tarczy" były na początku bardzo słabiutkie, pod wpływem waszego oddziaływania szybko wzrosną, a wasz syn jeśli nie dzięki zdolnościom, to za sprawą własnego uporu na pewno osiągnie swój cel.

Teraz przejdziemy do programów negatywnych. Ich istota polega na zmianie toku rozwoju sytuacji, czyli zdecydowanej ingerencji w plany „tarczy". Rozpatrzmy trzy negatywne programy. To one są wykorzystywane najczęściej i cieszą się największą popularnością wśród początkujących.

Krok 11e. Program na nieingerencję lub „zejdź z drogi"

Stosowany jest on w tych wypadkach, gdy na drodze oddziałującego staje człowiek, który świadomie lub nieświadomie przeszkadza mu w realizacji jego planów. Tym człowiekiem może być ktokolwiek – kolega z pracy, członek rodziny, przypadkowy przechodzień, kierowca, który nie chce się zatrzymać, gdy przechodzicie przez ulicę, i wielu innych, którzy tak czy inaczej postanowili z wami rywalizować, zamiast żyć na zasadach wzajemnego szacunku i kompromisu. Stosując ten program, dacie sobie radę z każdym przeciwnikiem. Zaletą metody jest to, że pozwala ona neutralizować przeciwnika bez wdawania się w otwartą z nim walkę. Dla „marionetki", która jest przyzwyczajona do podporządkowania się energoinformacyjnym sygnałom, ta metoda okazuje się całkowicie bezbolesna. „Marionetka" po prostu odchodzi, ustępując wam z drogi, motywując swoje działanie przyczynami osobistymi. Podobnie jak przy stosowaniu poprzednich programów, nie odczuwa najmniejszego nacisku i nieświadomie ulega waszej woli. Dlatego opanowanie tego programu pozwoli wam na znaczne poszerzenie swoich możliwości, i to we wszystkich sferach waszego życia.

Pokażemy stosowanie tego programu na najprostszym przykładzie. Jak wiadomo, rzadko sytuacja układa się tak korzystnie, by nikt nie stawał na waszej drodze do sukcesu. Najczęściej jest to przeciwnik (przeciwniczka) wyrażający całym swoim zachowaniem agresywną formę zazdrości. Może wam szkodzić świadomie, robić i mówić świństwa prosto w twarz i z ukrycia. Prawdopodobnie wasze cele są w dużym stopniu do siebie podobne. W przeciwnym wypadku nie stanęliby na waszej drodze. Różnica zaś polega na tym, że stosujecie zupełnie różne środki dla osiągnięcia tego celu. Ponieważ obecnie znajdujecie się na całkowicie innym niż oni poziomie rozwoju, jesteście w większym stopniu ograniczeni w wyborze środków (mówimy tu o moralnej stronie postępowania). Przecież na pewno ze mną się zgodzicie, że to, co dla nich jest możliwe, dla was jest często wprost nie do przyjęcia. Powiedzmy, złośliwe intrygi, plotki, nieukrywane grubiaństwo i kłamstwo, oszczerstwa – na większość z tych metod po prostu szkoda czasu! Dysponujecie natomiast doskonalszym środkiem – oddziaływaniem poprzez programy i programem skierowanym na to, by wasza „tarcza" dobrowolnie wypadła z gry.

Mój przyjaciel Dymitri po niecałym roku nauki w szkole DEIR, stosując ten program odzyskał ukochaną kobietę – niedawno odbył się ślub. U tej konkretnej pary wszystko ułożyło się jak najlepiej – przynajmniej takie wszyscy odnieśli wrażenie. Jak będzie dalej – zobaczymy. Lecz przy rozwiązywaniu problemów natury osobistej, korzystając z tego programu, należy wziąć pod uwagę jeden ważny aspekt. Nie bez powodu zatrzymuję się na tym punkcie dłużej, ponieważ praktyka wykazała, że szczególnie często ten program jest stosowany przez mężczyzn i kobiety przy rozwiązywaniu problemów „miłosnego trójkąta". Oczywiście takie oddziaływanie jest dopuszczalne, zwłaszcza gdy drugi pretendent nie ma szczęścia. Tak było właśnie w przypadku mojego przyjaciela. Kobieta tak naprawdę tego drugiego nie kochała, po prostu podobało jej się przyciąganie do siebie mężczyzn i rozkochiwanie ich w sobie. I udawało jej się to, co prawda kosztem irytacji i złego nastroju mojego przyjaciela. A ponieważ kobieta tego drugiego nie kochała, Dymitri z czystym sumieniem go wyeliminował. Należy jednak dobrze się zastanowić nad charakterem relacji wewnątrz trójkąta, zanim zastosujecie ten program. Pamiętajcie, że w tym wypadku liczycie się nie tylko z waszym przeciwnikiem, lecz jesteście związani z trzecią osobą i musicie uszanować jej wybór, nawet jeśli tym razem to nie wam się poszczęści.

Od strony technicznej ten program wykorzystujemy w następujący sposób: jeśli przeciwnik przeszkadza wam tylko w jednej konkretnej sprawie, wypowiadacie na głos ten cel, do którego dąży wasz przeciwnik. Może na przykład brzmieć to następująco: „Musisz uzyskać przychylność N." Na poziomie energoinformacyjnym tworzycie bardziej złożoną konstrukcję. Musi się składać z waszego obrazu (i to chyba najważniejszy element) oraz z negatywnego pragnienia i intencji rezygnacji z działania, w którym ten człowiek wam przeszkadza (lub z kilku działań, w których planujecie mieć pierwszeństwo). Przy prawidłowym zastosowaniu powinno to wywołać reakcję odwrotną i spowodować u przeciwnika niechęć do jakichkolwiek działań w tym zakresie (między innymi do podrywania waszej dziewczyny).

Gdy zaś konkurent utrudnia wam życie, przeszkadzając nie w jednej konkretnej sprawie, a absolutnie wszędzie, nie ma sensu odnosić się do jakiegoś konkretnego celu. W tym wypadku trzeba wykształcić u niego nawyk omijania was zawsze szerokim łukiem i niewtrącania się w żadne wasze sprawy. A więc dyskutujecie z nim na dowolne tematy, utrzymując go ciągle w zasięgu wzroku. Najważniejsze dla was w tym momencie to wzbudzić jego uwagę i zainteresowanie waszą osobą. Rozmawiając z nim, na poziomie energoinformacyjnym należy wprowadzić tę samą konstrukcję, o której mówiliśmy poprzednio – własny obraz i pragnienie rezygnacji z działań. Możliwe, że dla całkowitej realizacji waszego planu będziecie potrzebować kilku powtórzeń. Jest to rzecz całkiem naturalna, ponieważ „tarcza" będzie zmuszona do samodzielnego wykształcenia u siebie motywacji przyszłego postępowania. Lecz uzbrójcie się w cierpliwość – przyjdzie czas, gdy przy konflikcie lub nawet zwykłym spotkaniu z wami u „tarczy" będzie pojawiała się chęć ustąpienia wam z drogi. Oprócz sytuacji, która przed chwilą posłużyła nam przykładem, na pewno miewacie mnóstwo problemów związanych z tym, że ludzie przeszkadzają wam nieświadomie. W ich plany wcale nie wchodzi przeszkadzanie lub współzawodniczenie z wami. Oni po prostu nie zauważają tej dysharmonii i dyskomfortu, które wnoszą w wasze życie. W takich sytuacjach nie macie prawa na nich nawet się obrazić. Naturalnie w łagodniejszych przypadkach można z taką osobą wszystko wyjaśnić i jeśli nic przeciwko wam nie ma, na pewno pójdzie na ustępstwa.

Jeśli natomiast macie zdecydowane problemy w relacjach z otoczeniem, radzę wam jak najczęściej stosować pozytywny program nr 1. Postarajcie się doprowadzić go do perfekcji. Najprawdopodobniej istnieją poważne przyczyny, by zachować go w waszej pamięci właśnie pod taką nazwą: Program nr 1. Jak już mówiłem, to swoisty program bazowy, umiejętne jego zastosowanie uwolni was od wielu zbędnych kłopotów.

Jeśli już tak się stało, że człowiek, nic o tym nie wiedząc, stoi na waszej drodze i nie ma zamiaru ustąpić, a brak czasu nie pozwala wam na prowadzenie z nim jakichkolwiek dyskusji, możecie również zastosować program „Zejdź z drogi". I to nawet będzie najłatwiejsze wyjście, ponieważ ten człowiek nie ma zamiaru z wami współzawodniczyć. Wasza koleżanka w pracy rozmawia przez dwadzieścia minut przez służbowy telefon na tematy wcale niezwiązane z pracą. Można oczywiście zwrócić jej uwagę, ale na pewno się obrazi. Przy czym ta sytuacja często się powtarza: gdy trzeba pilnie zadzwonić, wisi na telefonie. Zastosujcie ten program – koleżanka straci ochotę do rozmowy i zwolni telefon. Nikt nie lubi, gdy mu się zwraca uwagę, nawet gdy na to zasłużył. Dzięki programowi „Zejdź z drogi" możecie tego uniknąć. Naokoło was zawsze będzie harmonia i zrozumienie.

Krok 11f. Program na zaprzestanie działań

Przejdziemy do drugiego negatywnego programu. Sprowadza się on do tego, by wytworzyć u „tarczy" uczucie niechęci do konkretnego działania. Bardzo często stosowany jest w sytuacjach, gdy chcemy zmusić człowieka, by przestał coś robić. Ten program należy do najczęściej stosowanych. Jego popularność jest łatwo wytłumaczalna. Przecież naokoło nas tak wielu ludzi robi to, co nam nie tylko się nie podoba, ale czasami dosłownie wyprowadza nas z równowagi. Sąsiedzi uważają, że mają prawo oglądać telewizję do pierwszej w nocy, włączając dźwięk na pełny regulator, syn cały swój wolny czas spędza na grach komputerowych, a mąż siada w kuchni i w ciągu dwóch godzin pali papierosa za papierosem, oglądając swoje ulubione pisemko. Mieszkanie po takim seansie spowija zasłona dymna. Albo on (lub ona) tak przykleją się do telefonu, że oderwać go (ją) może tylko wiadomość o pożarze lub powodzi. Ale to jeszcze naprawdę drobiazgi. W życiu każdego z nas zdarzają się sytuacje o wiele bardziej nieprzyjemne i ich rozwiązanie wymaga zastosowania natychmiastowych środków. Wchodzić w konflikty przy rozwiązywaniu tak prostych, jak i złożonych problemów nie byłoby mądre. Każde siłowe oddziaływanie, jak już wiecie, powoduje wiele skutków ubocznych i przynosi mało korzyści. Dlatego właśnie teraz czytacie ten rozdział, zamiast zadowolić się brutalnymi metodami sterowania, których nauczyliście się wcześniej. Jest o wiele lepiej, gdy człowiek sam rezygnuje z jakiegoś nałogu, nawyku lub konkretnego negatywnego postępowania, i to w takim stopniu, by nie pojawiła się pokusa powrotu do starego. W tym momencie tego rodzaju sterowanie nie przerasta waszych możliwości.

Spróbujmy wykorzystać ten program w sytuacji, która zdarza się nam codziennie przy robieniu zakupów. Na waszej ulicy codziennie kobieta sprzedaje ze stolika warzywa i owoce. Dla was jest to wygoda – można zrobić zakupy przed pracą lub wracając do domu. Warzywa i owoce są zawsze świeże i ładne. Wszystko byłoby dobrze, gdyby kobieta nie oszukiwała. W takich sytuacjach na pewno próbowaliście stosować brutalne techniki sterowania. Czy pomogło? Jeśli tak, to tylko jednorazowo. Zapomnicie je zastosować – znów zostaniecie oszukani.

Wprowadźmy do świadomości sprzedawczyni program skierowany na wzbudzenie obrzydzenia do oszukiwania na wadze. Przez to zrobicie dobry uczynek nie tylko dla siebie, ale i dla mieszkańców sąsiednich domów. Taki program realizujemy w następujący sposób. Zazwyczaj zostaje wprowadzone negatywne pragnienie co do celu, który trzeba osiągnąć. Określacie rezultat działania i wzmacniacie go przez negatywne pragnienie. W naszym wypadku celem jest zaprzestanie oszukiwania klientów, lecz wyrazić go w sposób werbalny będzie wam dosyć trudno. Komicznie przecież zabrzmi takie zdanie: „Proszę nie oszukiwać na wadze o dwadzieścia procent". I dlatego w tym wypadku i we wszystkich innych, gdy werbalnie nie możecie dać negatywnego rezultatu działania, dawajcie pozytywny. Wówczas trzeba będzie go wzmocnić nie negatywnym, lecz pozytywnym pragnieniem. Rezultat działania może zabrzmieć mniej więcej tak: „Proszę zważyć mi dokładnie półtora kilograma pomidorów, nie więcej, ale i nie mniej". Na poziomie energoinformacyjnym wysyłacie „tarczy" mocne pragnienie, żeby zrobić tak, jak powiedzieliście. To oznacza, że musi wam dokładnie odważyć, a nie tyle ile jej się zachce. Nawet jeśli sprzedawczyni ma rozregulowaną wagę i przez jakiś czas będzie ją korciło, by oszukać, bardzo szybko pozbiera się i zważy tyle, ile zażądaliście. Wadą tego programu jest to, że nie działa, jak zrozumieliście, natychmiast. Wiąże się to głównie z tym, że wasza „tarcza" będzie musiała wytworzyć u siebie oprócz negatywnej intencji również logiczne umotywowanie własnej niechęci do rezygnacji z działań (bo z jakiego powodu ta sprzedawczyni zrezygnuje z własnego zysku?). Przecież na pewno zauważy gwałtowną zmianę własnego nastroju. Tak więc nie dziwcie się jej pewnemu zmieszaniu – to nie potrwa długo. Z waszą osobą tej sytuacji w żaden sposób nie skojarzy: będzie przekonana, że z pewnych powodów sama podjęła taką decyzję. Dwu-, trzykrotne oddziaływanie – i można będzie ją uwolnić na zawsze od negatywnego przyzwyczajenia, by żyć kosztem innych. Po dwóch, trzech próbach program włączy się na pełnych obrotach. Podświadomość „tarczy" na pewno podpowie umysłowi jakąś przyczynę nowego postępowania. Powiedzmy, wcześniej czy później będzie miała dosyć kłótni z klientami. Albo wkrótce po waszym oddziaływaniu też zostanie przez kogoś oszukana w podobny sposób i towarzyszące temu reakcje stworzą logicznie umotywowane odrzucenie tego, czym się zajmowała do tej pory.

Krok 11g. Program na wygaszanie zainteresowania

Trzeci i ostatni program negatywny, z którym pracujemy w ramach systemu DEIR III stopnia, jest stosowany w sytuacjach, gdy musimy zmniejszyć zainteresowanie człowieka tą czy inną sprawą. W swojej istocie ma wiele wspólnego z już znanym wam programem na wzbudzenie obrzydzenia w działaniu. Różni się tylko tym, że pełni nie aż tak radykalną funkcję: powinien wywoływać nie zasadniczy brak akceptacji działania jak przy poprzednim programie, a tylko uczucie obojętności. Dlatego ten program wymaga mniej strat energetycznych; a więc jeśli z jakichś powodów musicie oszczędzać energię, a sytuacja nie wymaga bezpośredniej ingerencji, zalecamy stosowanie tego programu.

Program na wygaszanie zainteresowania stanowi jeden z tzw. nieinwazyjnych, zapobiegawczych programów, gdy chcecie przeszkodzić nie jakiemuś wydarzeniu, które niedługo zaistnieje w waszym życiu, lecz tylko rozwojowi określonych tendencji, mogących być przyczyną niepożądanych zdarzeń. Doskonale zdajecie sobie sprawę, że przed wykonaniem określonego działania człowiek przez dłuższy czas do tego się przygotowuje. Zazwyczaj jest nim szczerze zainteresowany; przecież zaangażowanie, jak wiemy, to główny czynnik na drodze do sukcesu. Wprowadzać program należy w następujący sposób.

Wymawiamy na głos wszystkie cztery elementy programu z jednoczesnym wysyłaniem mocnego impulsu intencji rezygnacji z działania. W związku z tym, że intencja zostaje przez was wprowadzona do świadomości „tarczy" w momencie przedstawiania całkowitego programu psychicznego – intencja rezygnacji z działania zostaje przez „tarczę" w pełni zaakceptowana. A więc po przejściu kilku cykli analizy problemu „tarcza" zawsze będzie kończyła swoje przemyślenia tą samą negatywną intencją i stopniowo ta sprawa przestanie ją interesować.

Rozpatrzmy zatem dla przykładu często spotykaną sytuację życiową. Mąż ostatnio dość często zaczął wyjeżdżać w delegacje. Przy czym jeździ nawet bardzo chętnie, nie trzeba go długo namawiać. Powraca do domu podejrzanie wypoczęty i odmłodzony, na dodatek odwiedza przez cały czas to samo miasto, a raczej miasteczko, które pod żadnym względem nie stanowi atrakcji. Oczywiście to tylko wasze zdanie i prawdopodobnie mylne. Lecz jaki w tym interes ma mąż?... Domyślacie się oczywiście, jak każda wrażliwa kobieta, ale obawiacie się dowiedzieć całej prawdy. Z przerażeniem myślicie o tym momencie, gdy wreszcie ukochany do wszystkiego się przyzna i rodzina się rozpadnie. Możliwe oczywiście, że się mylicie, lecz lepiej zgasić ogień w początkowym okresie palenia, niż siedzieć i wyczekiwać, czym to się skończy. Kiedyś cieszyłyście się na te wyjazdy: był to zawsze jakiś zastrzyk gotówki, ale teraz to nie ma znaczenia. Zaczynacie narzekać: za każdym razem, gdy wyjeżdża, zostajecie z dziećmi, wszystko jest na waszej głowie. Bez twardej ręki ojca z dziećmi coraz trudniej dać sobie radę: są niegrzeczne, nie chcą się uczyć. Poza tym mieszkanie wymaga remontu, a bez męskiej pomocy można o tym tylko pomarzyć, czyli znów wszystko się odwleka. W tym duchu możecie mówić dość długo, ale nie odniesie to żadnego skutku, ponieważ mąż znów chce wyjechać, a nie słuchać ciągłych narzekań. Daje całusa na pożegnanie, zapewnia, że to wszystko żaden problem, i wyjeżdża. I nawet nie chce, by go odprowadzać na dworzec. Naturalnie, dopóki sprawy nie posunęły się za daleko, należy zgasić jego zainteresowanie waszą rywalką (oczywiście dotyczy to tylko tych kobiet, które potrafią wybaczyć i dążą do utrzymania małżeństwa za wszelką cenę, lub ślepo zakochanych mężów – w analogicznej sytuacji). Jeśli staniecie na wysokości zadania, mąż ze swojej strony zrobi wszystko, by upewnić was, że ma serdecznie dość wyjazdów służbowych, a zwłaszcza do tego miasta – takiej dziury; że nie ma tam absolutnie nic ciekawego, dlatego więcej tam nie pojedzie. Jeśli nie będziecie chciały urazić go, mówiąc o swoich podejrzeniach, zgodzicie się z nim i mu uwierzycie (lub będziecie sprawiać takie wrażenie).

Wykonanie programu. Gdy tylko mąż zapowie kolejny wyjazd, wykażcie maksimum zaangażowania. Porozmawiajcie z nim o jego planach związanych z tą delegacją, o możliwościach przyspieszenia kariery zawodowej i w ogóle o wszystkim, co chciałby wam na ten temat opowiedzieć. Nie możecie wzbudzić najmniejszych podejrzeń co do waszej niechęci do tego wyjazdu. Możecie zacząć wcześniej go pakować, wkładając do walizki jego najbardziej ulubione rzeczy. Podczas rozmowy wybierzcie moment, gdy będzie najbardziej dla was otwarty i wymówcie głośno i zdecydowanie cały program, wszystkie jego cztery elementy. Postarajcie się nie używać słowa „delegacja", przecież nie z nią walczycie. Dobierzcie słowa w taki sposób, by powstała pewna dwuznaczność. Ale nie należy przesadzać. Wychwycić to powinna tylko podświadomość męża. Zdanie powinno paść mniej więcej takie: „Jeśli tak sprawa wygląda, oczywiście jedź. Wszystkie swoje problemy należy rozwiązywać we właściwym czasie. Tylko wtedy można zacząć normalne życie".

Z punktu widzenia osoby niewtajemniczonej wasze słowa nie znaczą nic konkretnego. Jedyne słowo, które niesie jakąkolwiek konkretną informację, to słowo „jedź". Kiedy, dokąd i po co – nie wiadomo. Lecz nie przejmujcie się pewnym niesprecyzowaniem programu. Przecież musi on działać na podświadomość „tarczy", a w waszej świadomości ten program funkcjonuje maksymalnie jednoznacznie. Wypowiedzianemu na głos programowi powinien towarzyszyć impuls intencji rezygnacji z tego związku. Ponieważ zazwyczaj u człowieka intencja powstaje w momencie całkowitego przemyślenia psychicznego programu, intencja rezygnacji z działania (pozostawanie w związku) jest oceniana przez „tarczę" na równi z pozostałymi elementami programu i zostaje zaakceptowana. Oczywiście trzeba wiedzieć, że taki program bardzo szybko nie zadziała. Przecież „tarcza" oprócz negatywnego pragnienia musi też stworzyć logiczną motywację tego, dlaczego ma zrezygnować ze swojej pasji. Lecz w naszym przypadku należy zastosować metodę małych kroków. Jeśli zdążyliście wprowadzić w świadomość waszego małżonka ten program chociaż kilka dni przed delegacją, prawdopodobnie wyjazd nie dojdzie do skutku. Jeśli w dzień przed wyjazdem, możliwe, że negatywne pragnienie do tego momentu jeszcze nie zdąży powstać. W każdym przypadku wasza praca nie pójdzie na marne: ta delegacja będzie jeśli nie ostatnia, to przedostatnia. Za tydzień można powtórzyć oddziaływanie. Bardzo niedługo mąż przestanie jeździć w delegacje, przynajmniej do tego miasta. Wytłumaczy tę zmianę jak najbardziej realną, lecz mało istotną przyczyną, na którą wcześniej po prostu nie zwracał uwagi.

Opanowanie programów jest dosyć trudne. Aby uzyskać naturalne nawyki wprowadzenia ich do świadomości innych ludzi, należy przejść przez wcześniejsze etapy nauczania, podnosząc swój potencjał energetyczny i doskonaląc światopogląd. Dlatego właśnie przez tyle czasu ćwiczyliśmy stosowanie brutalnych impulsów oraz subtelniejszych myślokształtów. Programy są tym, co nieświadomie stosuje się wszędzie. Inna sprawa, jak często są stosowane. Mówiliśmy już o tym, że najważniejszą ich zaletą jest to, że „tarcza", na którą oddziałujecie, nic nie spostrzega. Założone przez was programy działają bezpośrednio z podświadomości, są praktycznie nie do wykrycia przez osobę postronną, a tym bardziej przez samą „tarczę". Ewentualnie może tego dokonać tylko doświadczony psychoterapeuta (co zresztą też jest problematyczne). A ponieważ wasze programy działają w większości przypadków na korzyść nie tylko was, ale i otoczenia, a czasem i samej „tarczy", jest wątpliwe, by ktoś zwrócił się do psychoterapeuty o pomoc. „Tarcza" w czasie waszego oddziaływania może przeżywać stan niejasnego niepokoju, odczuwać, że coś idzie nie tak jak należy. Jest to całkiem normalne i łatwo wytłumaczalne. Bez wątpienia ten człowiek przeżywa podobne odczucia o wiele częściej niż trwa wasze oddziaływanie; przecież w podobny sposób oddziałujecie na niego nie tylko wy (co prawda inne oddziaływania nie są tak konsekwentne i skuteczne jak wasze). Przypomnijcie sobie, ile razy zdarzało się wam coś podobnego, zanim zaczęłyście studiować system DEIR i nie stworzyłyście u siebie nieprzenikalnej dla otoczenia otoczki energetycznej.

Wśród ludzi krąży taki przesąd, że nie wolno innym osobom opowiadać o swoich planach i nadziejach. Niektórzy, w szczególnym stopniu ulegający cudzym wpływom, przestrzegają tej zasady bardzo skrupulatnie. Inni zaś czasem zasadnie, czasem nie, śmieją się z tego i nie traktują poważnie. Zawsze byłem pewny, że jeśli jakieś przekonanie żyje przez wieki w świadomości ludzkiej, coś w tym jest. Zastanówmy się zatem, co mianowicie. Jak wiecie, realizacja planów związana jest bezpośrednio z programem, który sami stworzyliście dla siebie (patrz poprzednia książka). Odkrywając swój plan przed postronną osobą, wypowiadacie przed nią swój program, ujawniacie go. W tym momencie, zwłaszcza jeśli ufacie temu człowiekowi (w przeciwnym razie przecież nie opowiadalibyście mu o swoich planach), częściowo tracicie swoją ochronę. Pragniecie poznać reakcję rozmówcy, odczuć jak najdokładniej jego energetykę, dlatego ufając mu, w pełnym znaczeniu tego słowa przed nim się otwieracie. Waszą otoczkę energetyczną, która i bez tego jest dość słaba, łatwo można wtedy przebić. Przy podobnym kontakcie możecie pozbyć się nawet takiej ochrony i zamiast swojego obrazu pragnienia i intencji otrzymujecie konstrukcję waszego rozmówcy (z jego strony może to być nie zły zamiar, lecz całkowicie zdrowy i uzasadniony sceptycyzm). W dziewięciu przypadkach na dziesięć będzie ona zasadniczo różnić się od waszej. Oznacza to, że jeśli ten człowiek jest sceptycznie nastawiony do tego, o czym mówicie, otrzymacie odpowiednie obrazy intencji i pragnienia. Konstrukcja przekazana przez rozmówcę układa się w waszej podświadomości i stopniowo naznacza niepewnością wszystkie działania. Zaczynacie wątpić albo w możliwości zrealizowania swoich pomysłów, albo w ogóle w ich racjonalność. A więc w ostatecznym rozrachunku wasze cele nie zostaną osiągnięte. Wam natomiast nie pozostanie nic innego, jak narzekać, że ktoś zapeszył.

Według naszych danych, człowiekowi z nawet bardzo silną autokontrolą wystarcza mniej niż pięć minut rozmowy z postronnym człowiekiem, by zapeszyć swój plan. Tak więc ludowe podania nie są bez podstaw. Opowiadać o swoich planach można tylko takim ludziom, którzy nie tylko was lubią i nigdy wam nie pozazdroszczą (poprawne relacje i pozytywne nastawienie jeszcze nie wystarczą, by uchronić się przed „złym okiem"), lecz są zwolennikami tych samych poglądów, współwyznawcami; tylko oni będą wspierać was i wasze plany, nawet szalone. Już mówiliśmy o tym, że siła przetrwania idei zależy nie od tego, na ile są dobre, a od tego, z jakim energetycznym nastrojeniem podejdą do nich ludzie. Co prawda istnieje inny wariant: stworzyć sobie nieprzeniknioną otoczkę i dzięki temu zawsze mieć ochronę. A więc, mój czytelniku, przy pewnej dozie ostrożności tobie już nie grozi niebezpieczeństwo znalezienia się pod wpływem czyjegoś „złego oka". Teraz możliwe, że trudno będzie wam przypomnieć sobie sytuację, gdy robiliście coś na swoją niekorzyść, podporządkowując się cudzym wpływom, ulegaliście namowom i prośbom. Co przeżywaliście w takich momen tach? Czasami na pewno zauważaliście manipulację, domyślaliście się jej. Niemniej nic nie mogliście zrobić i podporządkowywaliście się sile, która wami sterowała. Mam nadzieję, że z trudem przypominacie sobie te efekty cudzych programów. Lecz nawet tym wszystkim, którzy nie opanowali technik obrony energetycznej, przedstawionych w pierwszej książce, ale zdają sobie sprawę, że często znajdują się pod oddziaływaniem potężnego programowania z zewnątrz, możemy poradzić, jak zastosować tymczasową ochronę.

Hamulec bezpieczeństwa – uniwersalna ochrona przed brutalną manipulacją

Sposób, o którym będzie mowa, jest znany od dawna. Był wykorzystywany przez wiele osób, które pozostawiły swój ślad w historii. W kręgach praktykujących psychologów metodę tę nazywa się „hamulcem bezpieczeństwa". Stosowana jest po to, by stwarzać twardą, pragmatyczną samokontrolę.

Istota metody jest następująca. Musicie dokładnie wiedzieć, czego chcecie i dlaczego. Za każdym razem gdy macie do czynienia z czyimś zdaniem, propozycją lub radą, natychmiast weryfikujcie je z punktu widzenia swoich interesów. Pamiętajcie, że za pozornie szczerymi i życzliwymi propozycjami może ukrywać się szczere życzenie dobra dla siebie, a dla was to już niekoniecznie. Jeśli te propozycje nie są zgodne z waszymi interesami, możecie śmiało je odrzucić, przy czym radzimy dodatkowo postawić ochronną otoczkę energetyczną.

Jednym z podstawowych warunków prawidłowego zastosowania tej metody jest wykrycie manipulacji. Główna oznaka manipulacji to wasze własne, nienaturalne zachowanie. Jeśli spostrzegliście, że zachowujecie się nienaturalnie, pamiętajcie: powstaje wielkie prawdopodobieństwo jakiegoś nieprzemyślanego ruchu, który możecie wykonać w każdym momencie wbrew swojej woli. Postarajcie się zrozumieć, na jaki haczyk udało się was złapać. Najczęściej łapią nas na obawach wydania się niedostatecznie mądrym, wrażliwym, elokwentnym itd. Wobec tego mam dla was taką radę: po rozszyfrowaniu manipulatora pozwólcie sobie być takim złym, jak tego chcecie, co mu zakomunikujcie. Powiedzcie mu szczerze: „Obawiam się, że przecenia pan moją bezinteresowność (intelekt, dobroć, talent, urok itd.). Nie jestem gotów, by uczynić to, o co pan mnie prosi". Gdy tylko odważycie się, by rozczarować swojego rozmówcę, od razu poczujecie lekkość i spokój. Chroniąc się przed fałszywym zdaniem o sobie, uzyskacie wewnętrzną wolność i będziecie nieosiągalni dla manipulatora.

Poza tym ta metoda może służyć jako wspaniały środek do uwolnienia się od cudzego systemu wartości. Można przytoczyć mnóstwo przykładów na to, jak stosując tę metodę udało się zharmonizować atmosferę w domu i w pracy. Rozpatrzmy jedną, bardzo często spotykaną sytuację, w której pracownik zmuszany jest do dodatkowej pracy po godzinach, przez podkreślanie jego niby istniejącego moralnego zobowiązania wobec tej firmy i niepłacenie mu za to ani złotówki. Takie ciągłe liczenie na przyzwoitość i sumienność szczególnie pracowitych i uczynnych pracowników to rezultat udanej manipulacji. Szef zwraca się do podwładnych w następujący sposób: „Mogę zawierzyć tylko panu, znając pana rzadko spotykaną sumienność i oddanie naszej wspólnej sprawie..." Z reguły zawierzyć może to, za co nie ma ochoty dodatkowo zapłacić i czego nie jest w stanie narzucić innemu pracownikowi, mniej uzależnionemu od cudzego zdania. Pracownikowi jest niezręcznie odmówić szefowi i w rezultacie w wolnym czasie będzie wykonywał pracę bez żadnego wynagrodzenia, przed czym innym ludziom udało się uciec. Może zdawać sobie sprawę, że jest po prostu bezwzględnie wykorzystywany, lecz nic nie może tu poradzić.

Teraz powstaje pytanie: jeśli wszystko rozumie, dlaczego nie może zrezygnować z tej pracy lub poprosić o dodatkową zapłatę? W tym właśnie tkwi istota manipulacji: człowiek nie potrafi odmówić, ponieważ boi się zawieść zaufanie, wypaść gorzej, niż o nim myślą, czyli odrzucić cudzy system wartości narzucony mu z zewnątrz.

Lecz najprostsza analiza sytuacji wskaże bezlitosną prawdę – jakie mogą być moralne zobowiązania wobec firmy, jeśli jej właściciel czerpie z tej bezpłatnie świadczonej pracy korzyści w postaci finansowej i wkłada je do swojej kieszeni. Taka sztuczka może się udać tylko z człowiekiem, którego zasady moralne są narzucone przez jego otoczenie. Sposób, o którym teraz mówimy, pozwoli mu bez jakichkolwiek wyrzutów sumienia zrezygnować z niewolniczej pracy i powrócić do swoich interesów.

Na tym przykładzie wykazaliśmy, że mimo wyjątkowej skuteczności metod energoinformacyjnych proste techniki okazują się czasem również bardzo przydatne. Dlatego chciałbym w ostatnim rozdziale tej książki przedstawić proste metody sterowania otoczeniem, przez słowa i sposób zachowania. Właściwie system DEIR ich nie obejmuje, są one nieskomplikowane i jednocześnie skuteczne, ale ta wiedza może się bardzo przydać – po co strzelać z armaty do wróbli? W prostych sytuacjach stosujemy proste techniki, co zaś tyczy się kwestii możliwości wykorzystywania programów, więcej chyba nie można dodać. Trudno przecenić rolę, którą odgrywają w naszym życiu. Są one niewyobrażalnie bardziej różnorodne. Jednak chcieliśmy przedstawić wam chociażby niektóre z nich, abyście stopniowo przyzwyczaili się do ich stosowania. Wkrótce wypracujecie swoje własne warianty programów, które są najodpowiedniejsze dla realizacji waszych celów. Bardziej szczegółowo i dokładnie możecie opanować ten materiał na kursach DEIR prowadzonych w Rosji i w innych krajach. Na kursach szkoły DEIR opanujecie materiał na takim poziomie, którego książka nigdy nie da, a poza tym otrzymacie bezcenne wsparcie od ludzi idących tą samą ścieżką.

W tym rozdziale świadomie nie omówiliśmy metod pozwalających zamieniać ogromną masę ludzi w zombi oraz metod twardej kontroli człowieka. Cele i zadania waszego życia nie polegają przecież na tym, by stać się dyktatorem lub głową państwa; i bez was jest ich wystarczająco wielu. Poza tym realizacja podobnych zadań dla człowieka z waszym światopoglądem nie ma sensu; wy jak nikt inny powinniście rozumieć, że nie panowanie nad światem wprowadzi pokój i harmonię w waszej duszy. Potrzebujecie tylko jednego – aby otoczenie przestało was ograniczać i dało możliwość realizacji życiowych celów.

ROZDZIAŁ 5.

ODDZIAŁYWANIE POPRZEZ ZACHOWANIE I KONSTRUKCJE WERBALNE

Z pewnością zauważyliście, że zachowanie człowieka, jego maniery i nawet charakter w znacznym stopniu zależą od jego statusu społecznego. Chcemy tego czy nie, ale styl naszego życia odciska na nas niezniszczalne piętno. Możliwe też, że czasami zdarzało się wam przyłapać się na dziwnym odczuciu – widzisz człowieka po raz pierwszy, a wydaje się, że znasz go od dawna: zbyt wiele można o nim powiedzieć.

Ktoś umie określać w najdrobniejszych szczegółach miejsce zamieszkania i charakter wykonywanej pracy oraz główne cechy natury człowieka w większym stopniu, ktoś w mniejszym, lecz w tym czy innym stopniu ta cecha właściwa jest dla wszystkich ludzi. Trzeba tylko umieć ją w sobie rozwinąć. Tacy geniusze analizy jak Sherlock Holmes istnieją w rzeczywistości. Oczywiście nie jest ich wielu, lecz jednak są i zawsze mają szeroką przestrzeń do działania. Ciekawe, że na przykład Rosjan za granicą rozpoznają, zanim zdążą powiedzieć chociaż jedno słowo. Mieszkańcy miast łatwo rozpoznają ludzi ze wsi. Znane też są przypadki, gdy ktoś przebywając wśród ludzi o tym samym statusie społecznym i obserwując przez kilka minut inną osobę, mógł opowiedzieć o niej praktycznie wszystko. Istnieje znany epizod z życia rosyjskiego pisarza Leonia Andriejewa. Przez krótki czas obserwował on człowieka w hallu hotelu, w którym właśnie się zatrzymał. Andriejew założył się z przyjaciółmi, że zgadnie, czym ten człowiek się zajmuje, i wygrał zakład. Ten mężczyzna, bardzo elegancko ubrany, okazał się zawodowym szulerem karcianym.

Oczywiście nie wszyscy mogą się pochwalić tak rzadko spotykaną przenikliwością. Ale nie w tym rzecz. Chodzi o to, że tryb życia, główny rodzaj działalności, a nawet charakter, odciskają piętno na naszej podświadomości, która z kolei kieruje wszystkim: układa scenariusz życia, przebija się przez wszystkie uczynki, słowa i gesty. Czy znaliście kiedyś człowieka, który wcześniej zajmował dość wysokie stanowisko, a potem w pewnych okolicznościach je utracił? Jeśli mieliście okazję kontaktowania się z takimi ludźmi, z pewnością nie mogliście nie zwrócić uwagi na sposób ich zachowania. Pierwsze, co zawsze rzuca się w oczy, to ich maniery, które powiedzmy wprost, nie zawsze są zgodne z ich aktualną pozycją społeczną. Wielu z nas często musi tolerować nieprzyjemny nawyk, charakterystyczny dla niektórych naczelników, rozmawiania z ludźmi „z góry", w tonie rozkazującym. Jak powiedział mi kiedyś jeden nowobogacki: „Dyrektor nawet w łaźni jest dyrektorem". Negatywna reakcja otoczenia na zachowanie przełożonych jest całkowicie normalna i uzasadniona, ponieważ takie traktowanie godzi w poczucie własnej godności tych, którzy zajmują niższe szczeble na drabinie kariery służbowej. Jeśli osoba zajmuje określone stanowisko, można ją przynajmniej zrozumieć. Jeśli natomiast nic sobą nie reprezentuje, jest nikim i niczym, a maniery jej pozostają wciąż te same, nie wiadomo, co sądzić – cham czy po prostu dureń. Wydawałoby się, że można by było się już zmienić, jeśli nie od razu, to chociaż po pewnym czasie, ale nie. Na to prawie nie ma co liczyć.

Powstaje pytanie, dlaczego tak się dzieje. Jak wytłumaczyć podobne zachowania osób przyzwyczajonych do bycia liderem? Jednym z najsilniejszych odruchów człowieka jest tzw. odruch stadny. W każdej populacji żywych istot – żyjących kiedyś i zamieszkujących naszą planetę dzisiaj – istniała surowa hierarchia, zapewniająca określony porządek i funkcjonowanie całego społeczeństwa. Każde stado potrzebuje przewodnika, postępowanie którego będzie służyło przykładem dla innych. Stanowi to odwieczne prawo działające nawet u owadów. Przecież i pszczoły mają swoją królową. A teraz wyobraźmy sobie, co by było, gdyby kilka osób w stadzie uważało siebie za przewodników. Typowa sytuacja: do stada zbliża się niebezpieczny drapieżnik. Zazwyczaj przewodnik daje sygnał i stado albo się broni, albo ratuje się ucieczką. W każdym przypadku działanie jego i jego członków są zgodne. Gdyby stado miało kilku przewodników, każdy z nich pobiegłby w innym kierunku, prowadząc część stada, czyli stado rozproszyłoby się. To znaczy, że łatwiej będzie je zniszczyć. Pod każdym względem dla wszystkich członków stada zawsze korzystnie jest trzymać się razem, podporządkowując się jednemu przewodnikowi, dlatego zwierzęta żyją w grupie. Jeden przewodnik, najbardziej mądry, doświadczony i silny, skupia przy sobie całe stado. Takie połączenie jest korzystne dla wszystkich bez wyjątku: słabi otrzymują możliwość przeżycia, silni rozmnażania się, dając stadu silne, zdrowe potomstwo, które jest troskliwie chronione przez całe stado.

Przy czym zwróćcie uwagę na pewien fakt: stado szczególnie potrzebuje lidera właśnie w chwili zagrożenia. Tak więc lider, który w życiu codziennym zmuszony jest co sekundę walczyć o swoją pozycję, przy jakimkolwiek niebezpieczeństwie przemienia się w lidera absolutnego, któremu wszyscy odruchowo się podporządkowują. Dlatego w królestwie zwierząt, do którego należał kiedyś i człowiek, funkcjonuje wiele odruchów zapewniających natychmiastowe posłuszeństwo w odpowiedzi na działanie lidera.

Postępowanie lidera również ma cechy charakterystyczne. Zoolodzy badający zachowania zwierząt bez trudu mogą wskazać lidera w stadzie na podstawie jego postępowania i stosunku do niego innych członków stada. Główne jego cechy to świadomość swojej wewnętrznej siły i pewność siebie. Tym są przeniknięte wszystkie działania lidera i na nich budują się relacje między liderem a pozostałymi członkami stada.

Odruchy człowieka uległy wielkim zmianom. Jego stadne odruchy przemieniły się w odruchy społeczne. W dalszym ciągu człowiek reaguje odruchowo na najmniejsze poczucie niebezpieczeństwa; tak jak kiedyś broni swojej własności, lecz oprócz odruchów obrony siebie i swojego terytorium w człowieku drzemią inne stadne odruchy – podporządkowanie. Zarówno jedne, jak i drugie interesują nas z punktu widzenia sterowania otoczeniem. Przecież jest to problem, którym teraz bezpośrednio się zajmujemy.

W średniowieczu istniała swojego rodzaju sztuka, której uczono królów i osoby wysoko postawione. Polegała ona na tym, by we wszystkich okolicznościach, nawet w zwyczajnym ubraniu, umieć wzbudzać w stosunku do siebie reakcje bezwarunkowego podporządkowania się, nawet ze strony osób całkowicie nieznanych. Na tym etapie również możecie to osiągnąć, a nawet więcej. Dla królów średniowiecza stanowiło to po prostu normę wychowania i etykiety dworskiej. Wy natomiast, jeśli uwzględnić to, że dla was oddziaływanie na ludzi dawno przestało być celem, a stanowi tylko środek, moglibyście osiągnąć znaczące rezultaty w rozwiązywaniu dowolnych problemów, związanych z oddziaływaniem na otoczenie. Dlaczego o tym mówimy? Otóż jeśli z jakiegoś powodu nie chcecie stosować energetycznych form sterowania, możecie zaprogramować człowieka na potrzebną wam reakcję, wykorzystując jego wrodzone odruchy i zapewniając przez to postrzeganie siebie jako lidera.

Na początku wyjaśnijmy, co ma znaczenie dla aktywowania podświadomych odruchów i, najważniejsze, jak można to wykorzystać, oddziałując na otoczenie. W tym rozdziale nie będziemy poruszać zbyt skomplikowanych przypadków. Sytuacje, które będziemy analizować, ograniczymy określonymi ramami: nie znacie w ogóle osoby, z którą rozmawiacie, lub znacie ją bardzo słabo. Przy czym osoba ta nie jest pod wpływem alkoholu, nie jest rozdrażniona, nie przejawia burzliwych emocji, czyli przebywa w swoim normalnym stanie. Właśnie w relacjach z takimi ludźmi najczęściej powstają różnego rodzaju komplikacje. Przypadki, gdy problemy rodzą się między bliskimi ludźmi lub starymi znajomymi, wymagają całkowicie innego podejścia i nie są tematem naszych rozważań. Co więc ma znaczenie dla aktywowania podświadomych odruchów człowieka? Na co trzeba zwracać uwagę w pierwszej kolejności, gdy zaczynacie opanowywać techniki sterowania?

Rola dystansu w bezpośrednich kontaktach między ludźmi

Jeden z najbardziej ważnych czynników stanowi odległość, na którą człowiek pozwala innym zbliżać się do siebie. Zwierzęta mają odruch zaznaczania swojego terytorium. W sytuacjach naruszania ustalonych przez nie granic, zwierzęta odczuwają niepokój – przecież każde z nich potrzebuje swojego terytorium, własnej przestrzeni życiowej. Im mniej zwierząt przebywa na danym obszarze, tym większa jest ich indywidualna przestrzeń. Przestrzeń ta może zmniejszać się lub powiększać i do pewnego momentu zmiany te nie wpływają na warunki przeżycia. Komplikacje zaczynają się tylko w przypadkach oczywistego zagęszczenia. Jeśli wśród populacji powstaje ten problem, u zwierząt wzrasta poziom stresu i, co za tym idzie, wzrasta poziom adrenaliny we krwi. Adrenalina odgrywa bardzo ważną rolę w regulowaniu wzrostu, rozmnażaniu i zdolności obrony zwierzęcia przed wszelkim negatywnym oddziaływaniem. A więc zagęszczenie wpływa na przeżycie zwierząt. Zaczyna się proces ich wyginięcia, który trwa tak długo, aż liczebność nie będzie odpowiadać niezbędnym do życia normom.

Człowiek jako istota społeczna również ma tendencję do zachowania wokół siebie określonej przestrzeni. Dawno zauważono, iż w miejscach większego skupiska ludności zawsze powstaje niebezpieczeństwo konfliktów. Związane jest to z tym, że w miarę zmniejszania przestrzeni osobistej człowieka wzrasta jego uczucie irytacji, a co za tym idzie, większa jest możliwość kłótni i bijatyk. Ten czynnik zawsze biorą pod uwagę stróże porządku. Wówczas próbują rozproszyć tłumy lub im towarzyszą na wypadek ewentualnej interwencji. Z tego powodu dla człowieka, podobnie jak dla zwierząt, dążenie do utrzymywania otaczających go ludzi na określoną odległość jest całkiem naturalne. Istnieje takie pojęcie jak krytyczna odległość. Dopóki człowiek przebywa poza jej granicami, postrzegany jest przez inną osobę jako obcy osobnik. W tych przypadkach albo w ogóle nie dochodzi do jakiejkolwiek reakcji, albo odbywa się ona bez znaczącego wzmocnienia odruchowego (podświadomość zwierząt w takich wypadkach nie oczekuje ze strony intruza ataków ani jakichkolwiek innych działań wymagających natychmiastowej reakcji). W granicach tego dystansu człowiek zostaje postrzegany jako osoba, która nawiązała kontakt. Chociaż zwraca się na niego uwagę, to nieszczególną (bezpośrednie zagrożenie jednak nie powstało), i tylko wtedy, gdy odległość została zauważalnie skrócona, uwaga człowieka całkowicie zwraca się ku zbliżającym się. Mózg zwierzęcia w takiej sytuacji zaczyna czujnie obserwować intruza i momentalnie reaguje na wszystko, co w związku z tym nastąpi. Z tego wynika z reguły albo otwarta agresja, przed którą trzeba umieć się obronić, albo jeśli osobnik należy do płci przeciwnej, zaczynają się igraszki seksualne. U człowieka, chociaż jego odruchy są przystosowane do cywilizowanych warunków życia, podświadome reakcje wyglądają podobnie. Jego uwaga od razu zostaje skierowana na człowieka, który przekroczył tę odległość, aby zrozumieć, czego właśnie od niego ta osoba chce.

Jak duża jest zatem u człowieka ta odległość, o której mówimy? Od czego zależy i jaką rolę odgrywa w jego relacjach z otoczeniem?

Ten tzw. dystans komfortowy w każdym społeczeństwie jest różny. W pierwszej naszej książce mówiliśmy szczegółowo o tym, że ta odległość bezpośrednio związana jest z rozmiarem naszego ciała eterycznego. Im jest większe, tym większa musi być komfortowa odległość. Ponieważ ten rozdział dotyczy nieenergetycznych form sterowania, powiem tylko tyle, że na podstawie wymiarów ciała eterycznego, które bez trudu potraficie określić, można ustalić dystans komfortowy dla każdego człowieka, zapewniając sobie harmonijne kontakty międzyludzkie.

Mieszkańcy miast przyjeżdżając na wieś zawsze ze zdumieniem zwracają uwagę na formę kontaktowania się zamieszkujących tam ludzi. Jeśli w mieście witając się ze swoim znajomym podchodzimy do niego i podajemy rękę, dla mieszkańca wsi całkowicie naturalne jest już z odległości piętnastu metrów machać ręką i głośno się witać. Pamiętam moje pierwsze z dzieciństwa wrażenie ze wsi. Kobieta wracając do domu po całym dniu pracy w polu, przejeżdżała wozem obok domu, w którym mieszkała jej przyjaciółka. Ta akurat siedziała na schodach i przebierała agrest. Nie schodząc z wozu, starsza pani przywitała się z nią i zaczęła głośno omawiać swoje problemy życiowe. Po czym zapytała o sprawy przyjaciółki i zgodnie zaczęły bezlitośnie obgadywać znajomych – i to wszystko nie ruszając się ze swoich miejsc. Oczywiście mówiły tak głośno, że słyszeli je najbliżsi sąsiedzi, ale oprócz mnie chyba nikomu to nie przeszkadzało.

Już z tego przykładu można wywnioskować, że mieszkańcy wsi wolą mieć odległość komunikowania się wynoszącą kilka metrów, mieszkańcy miast natomiast około metra. Różnicę tę tłumaczy się odległością między ludźmi w codziennym życiu. W miastach są większe skupiska ludzi, cierpią tam oni na brak przestrzeni, dlatego też odruchowo zmniejszają rozmiary własnego ciała eterycznego, aby nie stykało się ono z polem sąsiada.

Bardzo widoczna różnica w odległości komfortowej jest między mieszkańcem Moskwy i Petersburga. Moskwiczanie postrzegani są przez mieszkańców Petersburga jako narzucający się i często wywołujący irytację, moskwiczanie z kolei twierdzą, iż petersburżanie są zimni i zdystansowani. Wiąże się to głównie z tym, że granica komfortowej odległości u mieszkańców Moskwy wynosi czterdzieści – pięćdziesiąt centymetrów, a u mieszkańców Petersburga około osiemdziesięciu centymetrów. Jak już mówiłem, te reakcje są nieświadome i można je wykorzystać w sterowaniu. W tym rozdziale nauczymy się, jak to robić. Rozpatrzmy kilka sytuacji, które zademonstrują zachowanie człowieka w czasie jego przebywania w granicach komfortowej odległości, poza tą odległością i wewnątrz niej. Wiedząc, jaką reakcję wywoła wasze zbliżanie lub oddalanie, będziecie mogli przemyśleć swoje zachowanie w taki sposób, by zbliżyć się do swojego celu jak najszybciej i stosując najprostsze środki.

Wykorzystywanie odległości przy komunikowaniu się

Zaczniemy od sytuacji, gdy komunikując się z rozmówcą, przebywacie wewnątrz odległości komfortowej.

Właśnie w takiej odległości powinniśmy przeprowadzić maksymalnie pełnowartościową wymianę informacji. Wszystkie zalecenia etykiety uczą poprawnego postępowania człowieka w tej właśnie strefie. Mówiliśmy już o tym, że mieszkańcy różnych miejscowości mają różne komfortowe odległości. Tam, gdzie zagęszczenie jest mniejsze, taka odległość zazwyczaj jest większa. Średnio u Rosjan wynosi ona od pół metra do stu dwudziestu pięciu centymetrów. Jeśli jedna osoba zbliżyła się do drugiej bliżej niż na pół metra, można twierdzić, że naruszyła komfortową odległość między nimi. Jeśli natomiast znajduje się dalej niż na półtora metra, wtenczas przebywa poza odległością komfortową.

Odległość komfortowa

A więc znajdujecie się w komfortowej odległości od człowieka. Od tego, jak zachowacie się w tej sytuacji, zależy jego bezpośrednia reakcja. Naturalnie jeśli zaczniecie do niego się zbliżać, na jakiś czas skupi się na was, oczekując, co nastąpi po waszym zbliżeniu. W ciągu tych sekund jego podświadomość rozpocznie przyspieszoną pracę, analizując, czy wasze zbliżenie niesie jakieś zagrożenie. Już mówiliśmy o tym, że ludzie sądzą nas nie na podstawie tego, co mówimy i robimy, lecz na podstawie tego, jak to robimy. Od tego, w jaki sposób podejdziecie do rozmówcy, będzie zależało, w jakim stopniu obdarzy was zaufaniem lub sympatią.

Jeśli przy zmniejszeniu odległości uśmiechacie się, zagwarantujecie sobie u tego człowieka reakcję pozytywną na swoje pojawienie się. Jeśli zaś podejdziecie z kamienną twarzą lub co gorsza, z twarzą niezadowoloną lub złą, reakcja będzie odpowiednia. Prawdopodobnie wasze negatywne emocje, które akurat przeżywacie, nie są związane bezpośrednio z waszym rozmówcą, lecz podświadomość człowieka tego nie rozpoznaje. Widzi ona, że stanowicie źródło zła, i uczyni wszystko, co w jej mocy, by przygotować się do stawiania oporu temu złu. Czyli jeśli podchodzicie do kogoś z nieukrywaną agresją, możecie również u niego wywołać agresję albo odwrotnie – uczucie strachu. Jakie uczucia u niego wywołacie, będzie zależeć od tego, jak podświadomie oceni waszą siłę i związane z wami zagrożenie, a na to przede wszystkim mają wpływ rozmiary naszych ciał eterycznych.

Weźmy dla przykładu najprostszą sytuację. Do małego dziecka w piaskownicy z całkowicie niewinnym zamiarem dołączenia się do zabawy podchodzi trochę starsze dziecko. Różnica wieku między nimi jest nieduża, zaledwie dwa, trzy lata, a zainteresowania raczej mają podobne. A ponieważ dzieci bardzo szybko rosną, starsze dziecko jest o głowę wyższe. Naturalnie jego ciało eteryczne też jest większe. Jak myślicie, jaka będzie pierwsza reakcja malucha? Czy będzie chciał dzielić się z nieznajomym swoimi zabawkami? Raczej nie. Na pewno będzie musiała przyjść mama i go uspokoić. Bardzo możliwe, że po takiej interwencji dzieci będą razem się bawić, ale bez tego byłoby to problematyczne.

Popatrzmy na inną sytuację. Mówicie do kogoś w dosyć agresywnej formie coś nieprzyjemnego, jednocześnie od niego się odsuwając. Poprzez ten ruch stwarzacie wrażenie chęci wycofania się. W tym wypadku jego podświadomość zazwyczaj interpretuje wasze działania jako przejaw lęku i wysyła agresywną odpowiedź. W takich chwilach w człowieku budzi się instynkt prześladowczy. Skądinąd wiemy, że pies zawsze goni uciekających. Ten chwyt niejednokrotnie wykorzystywali utalentowani dowódcy: symulowali odwrót, aby wciągnąć przeciwnika do pułapki. Podobną taktykę stosował Spartakus, o czym wspominają historycy. Drugi znany przykład to zwycięstwo nad Napoleonem w 1812 r. przez armię rosyjską. Do tej pory większość historyków utrzymuje, że główny błąd strategiczny Napoleona polegał właśnie na tym, że uległ pokusie prześladowania armii rosyjskiej i zajął spustoszoną i wymarłą Moskwę, w której jego wojsko w warunkach okrutnej, mroźnej zimy zostało ostro poturbowane. Oczywiście jest zrozumiałe, że jeśli chodzi nie o jednego człowieka, a całe wojsko, skala odległości w tym wypadku będzie inna. Komfortowa odległość dla ludzi prowadzących dialog jest inna niż dla usytuowanych w stosunkowo małej odległości jednostek wojskowych. Ale istota przy tym się nie zmienia: jeśli wycofując się, rzucacie przeciwnikowi wyzwanie, jego reakcja, która zazwyczaj po tym następuje, będzie jeszcze bardziej agresywna. Od tego, w jaki sposób oddalacie się od człowieka poza granice komfortowej odległości, będzie zależała reakcja na odbytą przed chwilą komunikację. Odejść również trzeba umieć. Uśmiech przy oddalaniu się znacznie obniża znaczenie dokonanego dialogu. W tym kontekście jest odczytywany przez świadomość jako znak podporządkowania.

Jedna z moich uczennic opowiadała następującą historię: zawsze przywiązywała dużą wagę do tego, jakie wrażenie wywiera na otoczeniu, i często przesadzała z obdarowywaniem wszystkich naokoło swoim czarującym uśmiechem. Pewnego razu miała w związku z tym nieprzyjemny incydent. Potrzebowała uzyskać od dyrektora pozwolenie na dokonanie poważnych zmian, które, jako kierownik, chciała przeprowadzić u siebie w dziale. Z wielkim trudem udało jej się nakłonić go do rozmowy na ten temat. Po tym, jak wyłożyła wszystkie swoje argumenty, poruszyła również tematy osobiste, opowiadając szefowi o swoich problemach. To wszystko mówiła z intonacją człowieka liczącego na zrozumienie, z uroczym uśmiechem, trochę smutnym, niemniej uwodzicielskim. Prawdopodobnie nie chciała sprawiać wrażenia nudnej karierowiczki i wyglądać nie tylko jak osoba odnosząca sukcesy zawodowe, ale i zaprezentować się jako urocza, pociągająca kobieta. Krótko mówiąc, pogruchała, pouśmiechała się i wyszła z nadzieją, że jej konstruktywne propozycje będą wzięte pod uwagę. Jakże wielkie było jej zaskoczenie, gdy po tygodniu dyrektor jej powiedział, że jego zdaniem zmiany nie mają żadnego sensu. Niepotrzebne są ani kierowniczce, ani jej działowi, ani całej firmie. No to po co do niego przychodziła? Tak bez powodu, z nudów? Na to pytanie dyrektor odpowiedziałby sobie w taki sposób jak mężczyzna pewny swojego męskiego uroku. W jakimś stopniu miał rację: zbyt ładnie się uśmiechała. Tak więc w podobnych sytuacjach można dać tylko jedną radę: jeśli wasza rozmowa ma wystarczająco poważny charakter, postarajcie się zachować ten nastrój aż do samego końca i nie uśmiechajcie się, oddalając się, na pożegnanie, przez grzeczność lub z jakiegoś innego powodu. Zachowajcie ten uśmiech na inną okazję. W sytuacji podobnej do tej uśmiech obniża wartość przekazywanej przez was informacji. Teraz trzecia sytuacja: nie przemieszczacie się nigdzie, komunikujecie się z inną osobą w sytuacji komfortowej. W tym wypadku musicie wiedzieć, że wartość waszych słów dla rozmówcy będzie niewysoka (to znów przejawia się instynkt zwierzęcia: przyciąga uwagę tylko to, co się porusza). Nie jest przypadkiem, iż w czasie poważnych rozmów ludzie nie mogą dłużej usiedzieć w jednym miejscu. Zaczynają wstawać, chodzić z kąta w kąt, jeśli sytuacja pozwala, palić. Nie dzieje się to bez przyczyny: podświadomie człowiek stara się uczynić wszystko, co od niego zależy, aby jego słowa zostały zapamiętane przez rozmówców.

Tę zasadę dobrze jest stosować w tych przypadkach, gdy okoliczności zmuszają, by powiedzieć to, z czym w głębi duszy całkowicie się nie zgadzacie, na przykład sytuacja zmusza was do kłamstwa. Chcielibyście, by to kłamstwo było niezauważalne i nieistotne i by wasz rozmówca zapomniał o nim natychmiast po tym, jak je usłyszy.

Komunikacja poza komfortową sytuacją

Teraz przyjrzymy się osobliwościom komunikacji w strefie poza komfortową odległością. Różnica polega tylko na tym, że reakcja człowieka na to, co usłyszy lub zobaczy, nie będzie tak żywo wyrażana. Tłumaczy się to znów przez zachowany przez człowieka pradawny instynkt: jeśli coś się dzieje daleko, nie niesie to większego niebezpieczeństwa i dlatego nie zasługuje na większą uwagę. Przypominam, iż taka odległość stanowi ponad półtora metra od człowieka. Na taką odległość wobec siebie utrzymujemy osoby całkowicie nam nieznane, na przykład hydraulika pracującego w naszym mieszkaniu, sprzedawcę w sklepie, nowego kolegę w pracy, którego krótko jeszcze znamy.

Znajdując się w takiej odległości od ludzi, musimy oceniać swoje bezpieczeństwo, na przykład gdy późnym wieczorem samotnie wracamy do domu. W takiej odległości odbywają się wystąpienia przed audytorium, różnego rodzaju posiedzenia i konferencje. Pierwsze, o czym warto pamiętać znajdując się poza granicami komfortowej odległości od człowieka lub grupy osób, to że mogą w ogóle nie zwrócić na nas szczególnej uwagi. Czasami jest to jak najbardziej nam na rękę, czasami nie. Jeśli chcecie być zauważalni, wszystko, co robicie, musi być bardziej efektowne. Jeśli chcecie nawiązać z kimś przyjacielskie relacje, u tej osoby musi powstać chęć pozwolenia wam na podejście bliżej. Zauważono, że audytorium pozytywnie reaguje na wykładowców, którzy w czasie wykładów uśmiechają się do studentów, zachowując się przy tym pewnie i nie zabiegając o ich względy. Właśnie do takiej osoby i studenci, i uczniowie pobiegną po zajęciach z pytaniami dotyczącymi omawianego materiału. Skuteczność tej techniki znacznie wzrośnie, jeśli wykładowca nie będzie stał w miejscu, tylko chodził po sali.

Mała odległość

Przeanalizowaliśmy cechy komunikacji osób w komfortowej odległości i poza nią. W ostatnim wariancie, który musimy omówić, jedna z komunikujących się osób naruszyła komfortową sferę drugiej osoby i zdecydowanie za bardzo się do niej zbliżyła. Od tego, jak się zachowacie, zależy również zachowanie partnera.

Jeśli wasz rozmówca pragnie odczuwać was z bliska, a wy w tym momencie odsuwacie się, jest to negatywny bodziec.

Spójrzmy na dość powszechną sytuację – kłótnia lub po prostu rozmowa, dotycząca ważnego problemu, między parą zakochanych.

Powiedzmy, że na ławce w parku siedzi młoda para. Miejsce wybrali jak najbardziej ustronne: naokoło gęste krzaki bzu, przed sobą mają malowniczy staw. Siedzą, przytuleni do siebie, uśmiechnięci, o czymś rozmawiają. Naturalnie, im mniejsza w takich sytuacjach odległość między ludźmi, tym bliższe są stosunki między nimi.

Tych dwoje siedziało obok siebie, nie zmieniając dystansu i spokojnie rozmawiali: mężczyzna czule obejmował kobietę. Lecz z jakiegoś powodu kobieta odsunęła się. Mężczyzna, jak można sądzić, jest niezadowolony z takiego obrotu rzeczy: usiłuje ją przyciągnąć, lecz kobieta go odtrąca. Gdy patrzymy z oddali, powstaje całkiem jednoznaczne wrażenie, że między nimi doszło do sprzeczki. Jeszcze kilka sekund – i kobieta już siedzi na odległość metra od mężczyzny, z rzadka odwracając w jego kierunku głowę, prawdopodobnie coś do niego mówiąc. Sytuacja taka wydaje się wielu z was znajoma, nieprawdaż? Oznacza tylko to, że w bliskich, zaufanych relacjach dla ludzi naturalne jest bycie blisko siebie. Dla naszej podświadomości stanowi to żelazną zasadę, którą również można wykorzystać w sztuce sterowania. Jeśli chcecie wzbudzać w swoim rozmówcy negatywny odruch – gwałtownie się od niego odsuńcie. Dacie mu tym do zrozumienia, że coś wam nie bardzo pasuje: niech myśli, jak naprawić sytuację.

Gdy rozmowa przybiera charakter agresywny, wasze oddalenie się może wywołać reakcję zależną od wewnętrznego stanu waszego rozmówcy. Jeśli, powiedzmy, jest on poirytowany, wasze oddalenie obudzi w nim instynkt goniącego psa, o czym niedawno wspominaliśmy. Mówiliśmy o tej reakcji przy okazji komunikowania wewnątrz komfortowej odległości. W tym wypadku wasze oddalenie się spowoduje tylko dodatkową agresję. Gdy zaś człowiek przeżywa strach lub chęć podporządkowania się, wówczas wasze odejście zostanie odebrane z ulgą. Wyobraźcie sobie sami: ktoś was się bał, unikał spotkania z wami – i wreszcie sobie poszliście. Wreszcie można odpocząć. Wreszcie można odetchnąć.

A teraz przeanalizujemy sytuację, w której znajdując się w tej strefie, jeszcze bardziej zbliżacie się do rozmówcy. Uśmiech w połączeniu z wolnym przybliżaniem się prawdopodobnie wywoła u rozmówcy zaufanie. Jeśli jest to osoba płci przeciwnej, wasze zachowanie się będzie raczej oceniane jako wyraz seksualnego zainteresowania. W jaki sposób mężczyzna prosi kobietę do tańca? Podchodzi do niej nie spiesząc się, z uśmiechem na twarzy. Jeśli kobieta nagle odmawia, prawdopodobnie z jakiegoś powodu nie udało mu się wywołać w stosunku do siebie reakcji zaufania; i jeśli podobne sytuacje często się zdarzają w jego życiu, powinien zastanowić się nad ewentualnymi błędami w swoim postępowaniu.

Gdy zauważamy grymas złości lub wściekłość na twarzy kogoś, kto idzie w naszym kierunku, mamy wszelkie podstawy do tego, by odczuć strach lub chęć wycofania się. Dzieje się tak dlatego, że dystans, który dzieli was i nadchodzącą osobę, jest teraz bardzo niewielki i przybliżanie się człowieka z takim wyrazem twarzy, który zapowiada raczej negatywne zamiary, zwyczajnie was zaskakuje.

Lecz po jakimś czasie (zdarza się, że wystarczy kilka sekund, by podświadomość zdiagnozowała stopień zagrożenia), człowiek, chociaż z opóźnieniem, może zapobiec atakowi odpowiednią dawką agresji.

To są podstawowe zasady nieenergetycznego sterowania związane z odległością. Lecz wśród niewerbalnych czynników komunikacji jest jeszcze jeden bardzo ważny – kierunek wzroku.

Kierunek wzroku jako czynnik komunikacji

Nieprzypadkowo wzrok stanowi jeden z najważniejszych czynników relacji międzyludzkich. Nie bez przyczyny przecież mówi się, że oczy to zwierciadło duszy. Oczy najlepiej potrafią wyrażać niewypowiedziane myśli człowieka. Oczy to pewnego rodzaju okna mózgu, wyjście na zewnątrz. Reagują absolutnie na każdą naszą myśl i reakcja ta odzwierciedla się w nich w określony sposób.

Wielu ludzi odczuwa dość silny dyskomfort, gdy są zmuszeni do kontaktowania się z osobami w ciemnych okularach. Świadczy o tym reakcja mojej znajomej, która ostatnio przeżywa komplikacje w relacjach ze swoim narzeczonym. Jej ukochany w czasie poważnych rozmów zawsze stara się zabezpieczać ciemnymi okularami. „Jeśli siedzimy przy stole i praktycznie nie gestykulujemy, mogę reagować na jego słowa praktycznie tak, jakbym rozmawiała z nim przez telefon. Mam odczucie, że specjalnie je nakłada, by móc łatwiej oszukiwać".

Zauważono, że jeśli myśli człowieka zawierają jakikolwiek ładunek agresji, oczy z reguły mrużą się, a źrenice zwężają dla większej otwartości. Człowiek w takich momentach wysyła do was przeszywające lub jak się mówi, zabójcze spojrzenie.

Jeśli zaś człowiek przeżywa przypływ dobroci lub ciepłych uczuć, jego powieki rozluźniają się, a źrenice powiększają. Takie oczy nazywane są „uśmiechającymi" lub „śmiejącymi się". Takimi oczyma mogą patrzeć na siebie niekoniecznie tylko mężczyzna i kobieta, tak patrzą dzieci na ukochaną nauczycielkę, bliskie przyjaciółki po długim okresie rozłąki, przypadkowi znajomi, którzy spodobali się sobie nawzajem od pierwszych minut kontaktu.

Właśnie na podstawie ruchu oczu najczęściej określamy, czy ktoś kłamie, usiłuje coś ukryć lub sobie przypomnieć, lub z jakiegoś powodu wpadł w roztargnienie i niepewność.

Przy nieoczekiwanym zapytaniu wzrok na sekundę ucieka na bok. Tak bywa, gdy człowiek zostaje zaskoczony waszym pytaniem. Najczęściej przy tym zaczyna opowiadać bzdury, plątać się lub zacinać. Lecz ta reakcja jeszcze nie jest dowodem otwartego kłamstwa, chociaż, oczywiście, może to też mieć miejsce.

Kłamstwo również ma swoje symptomy. Nie zawsze są one jednoznaczne, można je, jak już powiedziałem, łatwo pomylić z zaskoczeniem lub jakimiś innymi uczuciami. Poza tym człowiek nie może stale oszukiwać. Oszukuje z reguły w jakiejś jednej sprawie i nie bez celu, tylko żeby wyjść z wody o suchej nitce. Dlatego w czasie rozmowy z wami przeżywa, oprócz chęci oszukiwania, najróżniejsze uczucia. W tym momencie może próbować coś sobie przypomnieć, zrozumieć lub wymyślić. Do tego wszystkiego musi błyskawicznie reagować na wasze pytania. I te wszystkie procesy odzwierciedlają się w jego oczach. Naturalnie, nie od razu nauczycie się rozróżniać, kiedy jesteście oszukiwani, lecz dla wszystkich istnieją pewne ogólne zasady.

Jeśli oszust gorączkowo próbuje coś wymyślić, zazwyczaj „strzela" oczami do góry. W tym momencie, gdy wypowiada te wszystkie kłamstwa, jego oczy są bezgranicznie czyste i nieruchome. Spokojnym głosem wypowiada przygotowane kłamstwa i patrzy na was bez mrugnięcia.

U człowieka usiłującego sobie coś przypomnieć wzrok ucieka lekko do dołu. Żeby się przekonać, zaobserwujcie studentów lub uczniów w trakcie egzaminów, gdy dostają dodatkowe pytania. Ten człowiek, który coś ukrywa, z reguły próbuje wykręcić się od odpowiedzi, lecz jego oczy przy tym zezują do dołu, tym go demaskując.

A ponieważ kierunek wzroku wzbudza bezwarunkowe odruchowe reakcje rozmówcy, wiedząc o przyczynie takiej reakcji, możemy nimi łatwo sterować: wystarczy zmienić wzrok. Kierunek wzroku w najlepszy sposób ukazuje stan wewnętrzny człowieka w stosunku do jego rozmówcy. Jeśli człowiek czuje się słabszy od swojego rozmówcy, wtenczas patrzy spode łba z dołu do góry. Właśnie tak patrzą na swoich rodziców nastolatki, kiedy dostają od nich reprymendę za złe zachowanie lub słabe stopnie. Jeśli przy tym głowa rozmówcy jest pochylona do przodu, to wyraża on przez to strach i szacunek, a jeśli w bok – służalczość oraz gotowość do podporządkowania się. Wzrok przy tym jest zogniskowany na rozmówcy – jak gdyby wyłapywał jego najmniejszy nawet ruch. W ten sposób często patrzą pracownicy na przełożonego.

Jeśli człowiek czuje się silniejszy, wówczas jego głowa jest odrobinę zadarta do góry lub po prostu podniesiona wyżej niż zazwyczaj. Wzrok skierowany jest z góry do dołu, przy czym niekoniecznie musi patrzeć w twarz rozmówcy. Całą tę wiedzę o osobliwościach zachowania człowieka można z powodzeniem wykorzystać. Z pewnością zdarzało się wam spotykać ludzi, którzy mogli być liderami tylko wśród tych, którzy są od nich słabsi. Wśród mocniejszych natomiast wszystkie ich ambicje zostania liderem gdzieś pierzchają. Cecha ta, powiedzmy sobie, nie jest najlepsza, lecz bardzo naturalna. Według mojej obserwacji nieobca jest ponad połowie osób. Zmiana tej sytuacji jest oczywiście ponad nasze siły, możemy ją tylko wykorzystać według naszych potrzeb.

Jeśli lider nagle zaczyna się zachowywać jak słabeusz, potwierdzając swoją sytuację określonym spojrzeniem, słaba osoba od razu staje się bezczelna. Tym właśnie tłumaczy się fakt, że w rodzinach, gdzie zwierzęta (oraz dzieci) są zbyt rozpuszczone, te pupile bardzo szybko wchodzą panu na głowę. Właściciel, kochając wychowanków, okazuje im słabość, co tamte z powodzeniem wykorzystują.

Jeśli zaś słaby kreuje się nagle na lidera, przewodnik stara się natychmiast postawić na odpowiednim miejscu.

Jak już mówiliśmy, podświadomość człowieka notuje wszystkie takie niewerbalne oznaki. I co najciekawsze, ludzie przy zawieraniu znajomości budują swoje relacje na podstawie tych właśnie cech. Przy czym dzieje się to odruchowo i zostaje zweryfikowane przez świadomość tylko wtedy, gdy zadajemy sobie pytanie: „A dlaczego ni z tego, ni z owego zachowałem się w taki sposób?" Prawidłowa odpowiedź powinna być następująca: „Ponieważ jestem od niego silniejszy i podoba mi się, że mogę to pokazać". Lecz człowiekowi takie tłumaczenie nie przychodzi do głowy: nie chce w ogóle dopuszczać tego do świadomości. Takiej odpowiedzi mogłyby udzielić zwierzęta, gdyby umiały mówić. Dlatego świadomość człowieka poszukuje innego tłumaczenia swojego postępowania. Powiedzmy, ten słaby człowiek mógł mieć niereprezentacyjną powierzchowność, nieprzyjemny sposób mówienia, mógł okazać się niemądrym itd.

Przeanalizujcie swoje zachowanie. Wyobraźcie sobie, że musicie rozmawiać z osobą, która zachowuje się w następujący sposób: patrzy jak gdyby nie na was, a gdzieś trochę niżej albo w ogóle w przestrzeń. Wy jakoby dla niej nie istniejecie, ponieważ nie możecie uchwycić jej wzroku. Taka sytuacja dla was jest niewygodna, niemiła i zaczynacie próbować natychmiast zrobić cokolwiek, by zmusić ją, by spojrzała wam w twarz; próbujecie ją zmusić do rozmowy, wywołać u niej określoną reakcję. Dlatego czasami wstajecie ze swojego miejsca i zaczynacie ruszać się lub nawet chodzić naokoło niej. Przy tym nie zdajecie sobie sprawy, że w ten właśnie sposób zachowywały się tysiące lat temu małpy. Nieprzyjemne, oczywiście, ale prawdziwe: stare odruchy nie zanikają.

To wszystko mówi tylko o tym, że kierunek wzroku można wykorzystywać. W jaki sposób – już zapewne zrozumieliście. Stosując określony sposób patrzenia przy komunikowaniu się z innymi, można uzyskać każdą potrzebną reakcję. Musicie pogodzić się z faktem, że wasz wzrok wywołuje reakcję na was jako na obiekt o znaczeniu społecznym, a nie na jakieś wasze myśli, które próbujecie przekazać otoczeniu.

Wykorzystywanie kierunku wzroku

Zastanówmy się, w jakich sytuacjach lepiej jest patrzeć na rozmówcę. Na przykład jesteście właścicielami lub dyrektorami wielkiej firmy. Za pięć minut do waszego gabinetu wejdzie pracownik i będzie zdawał sprawozdanie ze swojej pracy. Ten człowiek ma pewną cechę, która was okropnie drażni: wiecznie próbuje przepchnąć jakieś nieprzemyślane pomysły, przy czym robi to zbyt pewnie, można nawet powiedzieć, nachalnie. Widocznie wykorzystuje waszą przystępność i prostotę w obyciu. Za chwilę wejdzie i podejmujecie decyzję: w razie czego – postawić na swoim.

Zastosujcie do tego celu spojrzenie z góry do dołu, odchylając głowę odrobinę do tyłu. Naturalnie trzeba najpierw poćwiczyć, w przeciwnym razie przedstawicie nie pozycję silnego, wzbudzającego strach, tylko lalki, której wykręcono głowę. Jednym słowem – bez przesady.

Jeśli natomiast wasz pracownik wyróżnia się zbytnią nieśmiałością, jeśli w waszej obecności trzęsie się ze strachu, oczywiście chcielibyście, żeby zachowywał się pewniej (a przy okazji sprawniej wyrażał swoje myśli). Dlatego zastosujcie w kontaktach z nim wzrok z dołu do góry. Takiemu strachliwemu pracownikowi powinno to dać więcej siły i rozwiązać język.

Podwładni najczęściej patrzą na naczelnika z dołu do góry – przez to jakby akceptują jego stanowisko. W tych zaś nietypowych sytuacjach, gdy zamierzacie zmusić go do negatywnej reakcji, rozzłościć, zdyskredytować w oczach podwładnych, zastosujcie spojrzenie z góry do dołu.

Takie same typy wzroku możecie stosować i w innej sytuacji, powiedzmy w towarzystwie przyjaciół, jeśli zauważacie, że któryś z nich zaczyna zadzierać nosa; w sklepie – z ekspedientkami, niewyróżniającymi się szczególną grzecznością, w transporcie – z nieprzyjemnymi pasażerami, jednym słowem – w komunikacji ze znajomymi lub nieznajomymi ludźmi.

Rozpatrzmy przykład wykorzystania tego wzroku w kontakcie z całkowicie obcymi ludźmi. Pewnie się ze mną zgodzicie, że w kontaktowaniu się z nimi należy umieć czasami wydawać się silnymi, a czasem słabymi. Powiedzmy, że przychodzicie do biblioteki i prosicie, by wypożyczyć na miesiąc książkę, która w ogóle nie jest do wypożyczenia, tylko do pracy w czytelni. Najważniejsze dla was w tej sytuacji jest to, żeby przekonać bibliotekarza, jak bardzo potrzebna jest wam ta książka. Popatrzcie na niego z dołu do góry, przyznajcie mu ważność, uśmiechnijcie się. Niech patrząc na was sam dojdzie do wniosku, że pomagając wam, pomaga ludziom się rozwijać. Wprowadzenie komuś do głowy takich myśli bywa czasem nie tylko łatwe, ale co najważniejsze, korzystne.

Jeśli zaś jesteście w sytuacji, gdy powstaje ewentualność, że ktoś wam chce zaszkodzić lub was okłamać – lepiej stosujcie spojrzenie z góry do dołu. To na pewno pomniejszy w obcej osobie chęć zadzierania z wami. Przy takiej waszej postawie wątpliwe jest, by ktoś spróbował was oszukać na bazarze czy nawrzucać wam w środkach komunikacji miejskiej. Stosując to spojrzenie pokazujecie swoją siłę, a na tym świecie silnym zawsze ulegają.

Wykorzystywanie dystansu i wzroku – to najważniejsze techniki oddziaływania niewerbalnego na otoczenie. Jednak dla pełniejszego wyobrażenia o niewerbalnym sterowaniu musimy omówić jeszcze jedną technikę – gestykulację. Jak się domyślacie, rola gestów w komunikacji międzyludzkiej jest bardzo duża.

Gesty i sposoby oddziaływania przez nie

Właśnie dlatego, że rola gestów w zrozumieniu między ludźmi jest tak wielka, stało się możliwe powstanie takiej sztuki jak pantomima. Treser, pracując ze zwierzętami, wykorzystuje gesty nie rzadziej niż słowa. Wiadomo, że delfiny nie odbierają tej częstotliwości dźwięku, na której mówią ludzie i nie mogą ich słyszeć, dlatego treser komunikuje się z nimi tylko poprzez gesty. To oznacza, że gestykulacja pozwala na przekazanie swojej myśli do podświadomości innej istoty, nieważne, czy człowieka, czy zwierzęcia, bez wykorzystywania słów.

Jak myślicie, dlaczego w trakcie rozmowy tak często i dużo poruszamy rękami? Ruchy ręki w zasięgu wzroku rozmówcy przykuwają jego uwagę do tego, co mówicie. Podświadomość człowieka obserwującego waszą gestykulację stara się ustalić, czy to, co mówicie, odpowiada prawdzie. Oczywiście o gestach można napisać całą książkę. Jak zrozumieliście, gestykulacja każdej osoby stanowi skutek pracy jego podświadomości. W gestach, jak w oczach, odzwierciedla się istota człowieka. W tej książce nie będziemy ich rozpatrywać bardziej szczegółowo: moim celem jest zapoznanie czytelnika z ważniejszymi technikami sterowania. A ponieważ gestykulacja nie zalicza się do najsilniejszych technik w porównaniu z tymi, które już opanowaliście, omówimy tylko trzy kategorie gestów: przyciągające, odpychające i uspokajające.

Chociaż gesty są zupełnie naturalne w rozmowie, istnieją pewne subtelności w ich stosowaniu. Pozwalają na sterowanie niewerbalnym kontekstem rozmowy. Skutek tego jest mniej więcej taki: rozmawiając niewinnie z „tarczą", jednocześnie pracujecie z jej podświadomością, przekazując jej jakąś opinię na interesujący was temat. Ta technika jest bardzo wygodna, jeśli przed wami stoi zadanie przekonania człowieka, lecz nie możecie z jakiegoś powodu mówić otwarcie.

Zaczniemy od pierwszej kategorii gestów – przyciągających. Z pewnością zauważyliście, że uwagę przyciąga każdy gest, w którym część ręki znajdująca się w zasięgu wzroku rozmówcy odsuwa się od niego. Takie gesty wykonuje człowiek, gdy kogoś do siebie przywołuje. Jeśli ten człowiek znajduje się blisko, można przywołać go do siebie palcem, jeśli daleko – machnąć całą ręką.

Te gesty można wykorzystać całkowicie niezgodnie z kontekstem rozmowy. Wykonujecie ten czy inny gest i właśnie on utkwi w podświadomości waszego rozmówcy. Co przy tym mówicie – to już nie jest tak ważne dla jego odbioru. Lecz jeśli powinniście wprowadzić coś do podświadomości rozmówcy i nie możecie zrobić tego głośno, warto sięgnąć po określoną gestykulację. Sytuacji takich może powstać wiele i w tym przypadku, gdy nie chcecie uciekać się do energetycznych sposobów oddziaływania, stosowanie takich gestów może być bardzo przydatne.

Dla lepszego zrozumienia rozpatrzmy następujący przykład. Jesteście wśród trzech zaufanych osób dyrektora. Zaprasza on do siebie całą trójkę, aby omówić problem dalszego rozwoju waszej firmy, a dokładniej – problem jej współpracy z inną firmą. Wasze zdanie na ten temat radykalnie różni się od tego, co sądzą koledzy. Powiedzmy, mają oni negatywny stosunek do tej współpracy z firmą, na temat której macie jak najlepszą opinię. Lecz wszyscy wiedzą, że dyrektor tej firmy jest waszym najlepszym przyjacielem. W związku z tym nie ujawniacie swojego zdania w obawie, że koledzy was nie zrozumieją i będą mieć podejrzenia, że szukacie tylko korzyści dla siebie – nic więcej.

W takiej sytuacji możecie postąpić następująco. Na głos mówicie, że nie trzeba współpracować z tą firmą, ale w odpowiednim momencie wykonujecie gest przyciągający, który umieszcza w świadomości rozmówcy przekonanie, że jest mu to potrzebne. Ten gest, jeśli chodzi o jego wymowę, jest całkowicie przeciwny do tego, co mówicie. Jeśli zrobiliście wszystko tak, jak należy, wasz dyrektor zacznie postępować odpowiednio do nakazu swojej podświadomości lub rozważać podjęcie prawidłowej decyzji. Przy tym wasi koledzy nie mają żadnych podstaw, żeby się na was złościć: to, co powiedzieliście, jest przecież zgodne z ich interesami.

Jeśli wykorzystacie ten gest w neutralnym kontekście, zrobi on wrażenie pozytywnej wypowiedzi, chociaż słownie nic nie radziliście. Może to być korzystne w tych wypadkach, gdy chcecie stworzyć pozory człowieka neutralnego lub udać, że decyzja jest wam obojętna.

Następny typ gestów, których będziemy się uczyć, to gesty odpychające. Stosując je, człowiek zazwyczaj otwiera dłoń, odwracając ją do rozmówcy i wykonując ruch w jego kierunku ręką, czasami przy tym całym ciałem odchylając się do tyłu. Ta technika również ma podłoże w jednym z wielu odruchów, które dotrwały w człowieku do dnia dzisiejszego. Jak przed tysiącami lat, tak i teraz człowiek za pomocą tego typu gestów może ochronić się przed grożącym mu niebezpieczeństwem, zasłaniając rękami swoje ciało. Przecież jeśli ktoś podnosi rękę z zamiarem uderzenia was, pierwsze, co robicie, to odruchowo podnosicie swoje ręce, jakby odgradzając się od źródła niebezpieczeństwa.

Lecz nawet jeśli nie istnieje niebezpieczeństwo jako takie, wykorzystujecie ten gest w rozmowie, gdy chcecie coś zanegować, wykluczyć, nie dopuścić do czegoś. Stosując ten gest w neutralnym kontekście, sprawiacie wrażenie, że niczego nie odrzucaliście. Natomiast w sytuacji gdy musicie mówić nie to, co myślicie, tylko coś całkiem przeciwnego, również będzie bardzo pomocny.

We wspomnianym wcześniej przykładzie moglibyście zastosować taki gest, gdyby wszyscy koledzy byli za tym, by zdecydować się na współpracę, a wy nie. Po jego zastosowaniu w głowie dyrektora utkwiłoby, że jesteście przeciwko podjęciu takiej decyzji, chociaż przed chwilą głośno ze wszystkim się zgodziliście. Koledzy natomiast nie mają do czego się przyczepić. Ostateczna decyzja dyrektora będzie już zależała od tego, na ile jemu samemu pomysł współpracy z nową firmą wyda się korzystny i pozytywny. W każdym przypadku daliście mu do zrozumienia, co na ten temat sądzicie, i wasze sumienie fachowca powinno być czyste.

Ostatnia kategoria gestów, którą przeanalizujemy, to gesty uspokajające. Zazwyczaj wyglądają one tak: człowiek w określonej odległości od rozmówcy wykonuje płynny ruch ręką, tak jakby gładził jakąś powierzchnię. U rozmówcy powstaje wrażenie, że emanujecie spokojem, zdolnością do pieszczot i miłości, nikogo nie skrzywdzicie i nie sprawicie, by ktokolwiek cierpiał z waszego powodu: ani fizycznie, ani duchowo.

Naturalnie, ten gest bardzo przydaje się w kontaktach z ludźmi, gdy chcecie ich do siebie przekonać. W naszych niespokojnych czasach wydaje się normą, że wielu ludzi cierpi na nerwice. Jeśli chodzi o ilości leków kupowanych w aptekach na całym świecie, pierwsze miejsce zajmują środki uspokajające. Ludzie z absolutnie zdrowym systemem nerwowym stanowią rzadki wyjątek.

Nic więc dziwnego, że ludzi ciągnie do takiego człowieka, który ma zdolność nie do pogarszania sytuacji, jak robią to prawie wszyscy naokoło, a łagodzenia jej. I muszę powiedzieć, że szczególnie wrażliwe i wdzięczne pod tym względem są kobiety. Kto jak nie one doceniają wartość tego jednocześnie uspokajającego i pieszczotliwego gestu! Delikatność i ciepło to cechy, które kobiety przede wszystkim cenią u mężczyzn.

Jeden ze zwolenników naszych metod zastosował ten gest kilkakrotnie w rozmowach z kobietą, która od dawna mu się podobała, po czym jego uczucia zostały szybko odwzajemnione. Techniki energetyczne niezbyt dobrze mu się udawały i kto wie, jak długo musiałby wzdychać z powodu nieodwzajemnionej miłości, gdyby nie umiał na wysokim poziomie wykorzystywać gestykulacji.

Ten gest możecie stosować również w neutralnym kontekście, gdy nie chcecie powiedzieć nic konkretnego, jak i w konflikcie z tym, co mówicie: w podświadomości rozmówcy pozostaje właśnie wasza gestykulacja. Powiedzmy, że nie możecie w obecności większej liczby osób dać kobiecie do zrozumienia, że wam się podoba – wykorzystujecie ten gest i jej podświadomość podchwyci wszystko momentalnie.

Naturalnie, stosować te gesty można nie tylko w przypadkach, gdy należy coś przemilczeć (analizowaliśmy takie sytuacje, ponieważ są najbardziej skomplikowane). Możecie również łączyć gestykulację ze sposobem mówienia, co umocni reakcję na słowa i wzbogaci wasze wypowiedzi.

Zapewne doskonale rozumiecie, że zapoznaliśmy się tylko z najważniejszymi gestami; w rzeczywistości są ich setki, a nawet tysiące. Gdy przekonacie się, że w waszym życiu odgrywają one niemałe znaczenie, nauczycie się bardzo szybko zwracać na nie uwagę, rozumieć ich znaczenie i umiejętnie stosować je w celach sterowania.

Niewerbalne metody sterowania są jednak mniej skuteczne w porównaniu z metodami werbalnymi, czyli przy zastosowaniu głosu i słów. Nie zamierzam dłużej zatrzymywać się przy tym temacie, podobnie jak i poprzednim, z tego prostego powodu, że na temat sterowania głosem i słowami można napisać niejedną książkę. Pokażę wam tylko najbardziej przydatne z taktycznego punktu widzenia techniki. Pozostałe, jeśli pojawi się w was taka chęć, będziecie mogli bez trudu opanować samodzielnie. Poza tym te metody zaliczane są do technik socjotechnicznych, jednak są one równie skuteczne, jak skomplikowane. Czy warto więc poświęcać im zbyt wiele sił i uwagi, jeśli już potraficie stosować długoterminowe sterowanie w inny sposób? Moja rada jest taka – nie kierować się jakimiś konkretnymi zasadami, tylko działać w zależności od sytuacji, dlatego następną rzeczą, którą poznacie, będzie reżim głosowy.

Reżim głosowy

Reżim głosowy to intonacja, z którą człowiek wypowiada konkretne treści. Dla naszej podświadomości ważne jest nie to, co robimy, tylko to, w jaki sposób to robimy. Zanim człowiek zweryfikuje sens naszej wypowiedzi, zareaguje na jej ton. Szczególnie wrażliwe na naszą intonację są dzieci i zwierzęta oraz osoby niewidome, u których bardzo wyostrzony jest zmysł słuchu. Poznawanie przez dziecko ojczystego języka jest również oparte na rozróżnieniu tonu, którym mówi jego matka.

Głos człowieka zdolny jest do przekazania najróżniejszych emocji, a co ważniejsze – poprzez określoną intonację prowokujemy rozmówcę do odpowiedzi. Dlatego reżim głosowy można wykorzystać jako nieenergetyczną technikę sterowania otoczeniem. Spróbujcie powiedzieć to samo zdanie lub nawet słowo różnym osobom z różną intonacją, zawierającą różne emocje. Na przykład zwyczajne powitanie: „Dzień dobry!". Wypowiedzcie je podczas spotkania z kilkoma swoimi znajomymi, ale z odmienną intonacją, odzwierciedlającą ludzkie emocje: do jednego życzliwie, optymistycznie, do drugiego z wyraźnym smutkiem w głosie, do trzeciego z kpiącym uśmieszkiem lub nawet szyderczo, do czwartego zimno, do piątego w jakiś jeszcze inny sposób. A potem porównajcie reakcję na wasze powitanie. Zaobserwujcie, kto z waszych znajomych uśmiechnie się do was lub zatrzyma się, by z wami pogadać, kto natomiast popatrzy ze zdziwieniem i nic nie powie.

Można by tu wyodrębnić trzy podstawowe reżimy głosowe. Pierwszy reżim głosowy to ta intonacja, którą zazwyczaj stosuje nauczycielka zmuszając do powstania niegrzecznego ucznia. Ten ton w sposób odruchowy powoduje bezwzględne posłuszeństwo.

Często stosowany jest również w wojsku w celu zaprowadzenia porządku, jak również przy tresurze dzikich zwierząt lub groźnych ras psów, niebezpiecznych dla człowieka. Wiadomo, że jeśli pies uważa swojego pana za słabszego od siebie, nie ma co liczyć na jego bezwzględne podporządkowanie się. Zgodzicie się na pewno ze mną, że dla psa służbowego taka wolność jest niedopuszczalna. Jeśli już takiego psa trzymacie w domu, wszystkie wasze polecenia, typu: „Miejsce!", „Leżeć!", „Daj głos!" oraz pozostałe, muszą być wypowiadane właśnie takim tonem, niedopuszczającym żadnych sprzeciwów. Jeśli pies nie jest wam posłuszny, oznacza to, że polecenie wydajecie nieprawidłowo.

Drugi reżim głosowy – to głęboki, pełen przejęcia ton, mniej więcej taki, jakim przemawiał Don Juan, kusząc swoją kolejną ofiarę. Wywołuje on u rozmówcy odruchowe zaufanie – reakcję, którą zaobserwujecie natychmiast po tym, jak na ten ton przejdziecie. Miejcie jednak na względzie fakt, że właśnie zaufanie, a nie na przykład nienawiść lub pociąg seksualny, zazwyczaj natychmiast zostaje weryfikowane przez logikę. Człowiek, na którego oddziałujecie, może zadać sobie pytanie: „Dlaczego tak nagle poczułem do niego zaufanie?" W związku z tym, stosując tę technikę, starajcie się nie przedobrzyć. A jeszcze lepiej – w tym momencie mówcie coś takiego, co mogłoby go utwierdzić w zaufaniu. Niech treść waszych wypowiedzi i ich ton będą ze sobą zharmonizowane.

Jeśli chodzi o sterowanie, ten reżim stosowany jest dosyć rzadko. Służy głównie temu, by rozproszyć uwagę rozmówcy. Nie tak dawno zastosował go jeden z naszych uczniów w czasie sesji egzaminacyjnej na uniwersytecie, gdzie studiował wieczorowo. Jest to człowiek obarczony rodziną, który jednocześnie pracuje i studiuje, a więc nie ma czasu na pilną naukę. Na egzaminie właśnie udało mu się uśpić uwagę wykładowcy swoim głębokim, przejętym barytonem. Tamten, słuchając swojego studenta zapomniał, z jakiego materiału miał go przepytywać. Jaki stopień student otrzymał, nie pamiętam, ale egzamin na pewno zdał.

Trzeci reżim głosowy to mówienie cichym, czasem przerywanym głosem. Cichnie on lub znów powstaje w świadomości „tarczy", lecz zawsze jakby dąży do odprowadzenia was jak najdalej od tej sytuacji, w której się znajdujecie. Stosowany jest głównie po to, by zmusić rozmówcę do baczniejszego przysłuchiwania się mówiącemu, by wzbudzić w stosunku do niego dodatkowe zainteresowanie, jak również po to, by stymulować u rozmówcy poczucie winy lub braku pewności w swoich działaniach.

Mój przyjaciel ma syna, którego dziewczyna robiła z nim wszystko, co chciała. Wystarczyło, że przejawiła chociaż cień niezadowolenia, młody człowiek już był gotów uwierzyć w swoją całkowitą nikczemność. Jeśli na niego była obrażona, chłopaka tak dręczyło sumienie, że nie spał przez całe noce. Jeśli zaś chodziło o jej wpływ na niego, był nieograniczony. Gdy chciała jechać gdzieś na wakacje, a żadne z nich nie miało pieniędzy, chłopak wydobywał je spod ziemi – dorabiał nocami przy rozładowywaniu wagonów, pożyczał – ją to już mało obchodziło. Jeśli potrzebowała pomocy, on nigdy jej nie potrafił odmówić, nawet jeśli miało to być ze szkodą dla niego. Doszło nawet do tego, że gdy był zagrożony na studiach, jego rodzice poprosili ją, by na niego wpłynęła. „Spróbuj go namówić, żeby poszedł po rozum do głowy. Dasz sobie z tym radę". I rzeczywiście – dała. Dlaczego? Zrozumiałem to, gdy zobaczyłem ją na ich ślubie, raczej usłyszałem. Miała ona zwyczaj mówić trzecim reżimem głosowym.

Mogę sobie wyobrazić, ile dziewczyn, dowiadując się o takim zniewalającym działaniu trzeciego reżimu głosowego, od razu zechce się tego nauczyć. Nie łudźcie się! Odpowiedni reżim głosowy nie jest panaceum na odzyskanie miłości. Przecież ta dziewczyna nie we wszystkich budziła sympatię. Z pewnością byli ludzie, którym się nie podobała. Niemniej nawet oni ulegali jej wpływom. Miała w sobie coś, co wszystkich przyciągało lub raczej hipnotyzowało, dlatego tak łatwo udawało się jej nawiązać kontakt z ludźmi, zainteresować i nawet zmanipulować.

Nawiasem mówiąc, trzeci reżim głosowy to jedna z najbardziej ulubionych metod hipnotyzerów. Spowodowane jest to tym, że właśnie uważając na słowa wypowiadane w trzecim reżimie głosowym, człowiek łatwo wchodzi w stan transu. Na próby hipnozy, jak wiadomo, różni ludzie reagują różnie, dlatego każdy wymaga indywidualnego podejścia. Jeśli więc ktoś jest wyraźnie bojaźliwy, lepiej wprowadzić go w trans, stosując pierwszy reżim głosowy. Jeśli do takiego człowieka powie się rozkazującym tonem: „Zasypiaj!" - on zaśnie. Taki wariant nie nadaje się dla człowieka skłonnego do przeciwstawiania się hipnotyzerowi. Wymaga on większej uwagi. Z tego powodu w trudniejszych sytuacjach hipnotyzer stosuje trzeci reżim głosowy. Głos hipnotyzera - cichy, lekko wibrujący - jednocześnie go uspokaja i prowadzi ze sobą.

Jeśli wasz rozmówca świadomie nie ma nic przeciw hipnozie, bardzo dobrym elementem dodatkowym w tym wypadku może być delikatne źródło światła, np. świeca. Głos hipnotyzera w trzecim reżimie będzie świetnie harmonizował z lekkim migającym światłem świecy. Posadźcie człowieka twarzą do świecy, niech patrzy na nią jak najdłużej. A gdy przymknie oczy, obraz świecy zostanie, jej migotanie będzie on postrzegać nawet przez zamknięte powieki, a w uszach będzie brzmiał głos hipnotyzera. Naturalnie, przy takim podejściu człowiekowi można wmówić cokolwiek.

Cygańska hipnoza

Na pewno zdarzało wam się kiedyś spotkać na ulicy Cyganki, proponujące, że wam powróżą za grosik i opowiedzą wszystko o waszym niełatwym losie. Jeśli Cygance udało się was zaczepić, taka rozmowa z nią kończyła się utratą nie grosika, ale znacznie większej sumy pieniędzy. Kiedy po upływie jakiegoś czasu do oszukanego zwrócicie się z zapytaniem: „Jak wpadłeś? Przecież jesteś rozsądnym, poważnym człowiekiem. Na ile cię naciągnęli?" – sam poszkodowany nie może wytłumaczyć, jak to się stało: „Można zrozumieć, jeśli dotyczy to kogoś innego. Dużo głupców jest na świecie. Ale żeby ze mną? Przecież zatrzymałem się tylko na minutkę i co z tego wynikło! Teraz nawet do wypłaty nie dociągnę. Trzeba będzie pożyczyć".

Dlatego większość ludzi, których znam, po prostu stara się nie nawiązywać z Cygankami rozmowy. Po prostu omijają je. A jeśli są już bardzo natrętne, puszczają im nawet wiązkę, nie wstydząc się własnej ordynarności.

Przy tym nie należy zapominać, że te Cyganki to zwykłe amatorki, dlatego właśnie pracują na ulicy. Ale nawet one, jak wiecie, dość często potrafią oszukać niejednego naiwnego, chociaż wcale niegłupiego człowieka. Doskonałe opanowanie cygańskiej hipnozy pozwala nie tylko wyciągnąć pieniądze od ludzi. Daje możliwość otrzymania natychmiastowej zgody każdej osoby na wszystko. I chociaż może nie na długo – ale jednak to działa.

Rozpatrzmy dokładniej, co to za zjawisko, w czym tkwi jego istota i jak je można wykorzystać w sterowaniu otoczeniem. Cygańska hipnoza polega na tym, żeby postawić człowieka w takiej sytuacji, w której psychologicznie nie może się on sprzeciwić. W waszym życiu też na pewno zdarzały się sytuacje, gdy nie mogliście odmówić czegoś jakiejś osobie. Coś w tym rodzaju przeżywacie i w kontaktach z Cyganką. Przy czym w pierwszym przypadku niemożność odmówienia człowiekowi jest czymś umotywowana: powiedzmy, kiedyś wyświadczył wam przysługę i teraz czujecie się jego dłużnikami lub po prostu wiąże was przyjaźń – w końcu przyczyna może być jakakolwiek. Lecz cała sprawa polega na tym, że rozmawiając z Cyganką, podporządkowujecie się jej bez powodu. Jeśli jej głównym celem jest wyciągnięcie z was pieniędzy, nie jest to najgorsze. Miejmy nadzieję, że poważniejszych rzeczy ona nie potrafi.

Odpowiednie prowadzenie rozmówcy taką drogą jest trudną sztuką i wymaga poważnych umiejętności. Zazwyczaj wasz rozmówca będzie musiał udzielić szeregu twierdzących odpowiedzi.

Tę technikę dobrze opisał w swojej książce D. Karnegi. Radził on, żeby prowadzić rozmowę w taki sposób, żeby zmusić partnera wyłącznie do pozytywnych odpowiedzi. Spowodowane jest to tym, że jeśli człowiek zgodzi się z wami po raz pierwszy, drugi, trzeci, to trudno mu będzie nie zgodzić się po raz czwarty. Każde wymówione przez niego „tak" coraz bardziej wzmacnia jego zaufanie w stosunku do was.

Tylko że Karnegi niezbyt profesjonalnie instruował swojego czytelnika. Chodzi o to, że technika trzech „tak" nie zadziała w spokojnej rozmowie i nie pozostawi długotrwałych skutków; trzeba przeprowadzić ją dynamicznie i szybko – wtedy osiągniecie cel.

Ta sama technika stanowi obowiązkową zasadę cygańskiej hipnozy i jest jednocześnie najprostszym jej wariantem. Przy powtórzeniu odpowiedzi twierdzących, zwłaszcza jeśli prowadzicie rozmowę w drugim reżimie głosowym, już po drugiej odpowiedzi rozmówca zaczyna odbierać wasze słowa całkowicie bezkrytycznie.

Podstawowa zasada cygańskiej hipnozy wygląda następująco: jeśli człowiek powiedział „tak" dwa razy z rzędu lub podporządkował się waszym słowom (nawet jeśli zrobił to tylko przez grzeczność), prawdopodobnie uczyni to po raz trzeci, już odruchowo. Jeśli tego nie zrobił, można uważać, że hipnoza się nie udała.

Pamiętacie, jak rozwijał się dialog z Cyganką. Najpierw ona was zatrzymuje i proponuje, że powróży lub prosi o jakąś nieznaczącą pomoc (prosi o drobną monetę lub po prostu pyta o drogę), której odmowa nie ma sensu. Najważniejsze dla niej w tym momencie to zaczepić was w jakiś sposób i nie usłyszeć „nie" – nieważne, czego by dotyczyło. Następny etap w waszym dialogu jest wtedy, gdy Cyganka usiłuje czymś was zainteresować. Gorąco dziękuje wam za pomoc i proponuje „darmowe" wróżenie. Przecież na pewno was to zainteresuje. Oczywiście! A więc zgadzacie się, żeby wam powróżyła. Nawet pamiętacie, że obiecała zrobić to za darmo, bez pieniędzy. Cyganka bada waszą rękę (lub po prostu patrzy wam w oczy) i mówi wszystko, co widzi. „Widzi" ona mniej więcej następujący obraz: „Przeżyłeś wielką miłość". Naturalnie odpowiadacie „tak" (kto jej nie przeżył). „Bardzo cierpiałeś, gdy się skończyła". Ponownie się zgadzacie. „Życie miałeś bardzo trudne, dużo musiałeś przecierpieć" (wreszcie ktoś nam współczuje). Naturalnie znowu się zgadzacie. Już nie rozumiecie, że w tym momencie daliście się złapać na haczyk. Jesteście zaintrygowani, ponieważ wszystko, co powiedziała, to prawda i zgadzacie się nawet jej zapłacić, gdyby jeszcze coś powiedziała.

Na moich oczach dalszy etap rozmowy przebiegał w taki sposób: młodej kobiecie Cyganka powiedziała, że dalej opowie, jeśli ta jej da kawałek papierka. Słowo „pieniądze" nawet nie padło. Dziewczyna zaczęła grzebać w torebce, żeby odnaleźć jakąś kartkę. Było po niej widać, że jest lekko zdenerwowana, i możliwe, że dlatego nie może nic znaleźć. Cyganka jej podpowiada: „No co znaczy: nie ma, kochaniutka, przecież sama u ciebie w portmonetce widziałam". Trzeba powiedzieć, że kobieta miała szczęście. W kulminacyjnym punkcie tej sytuacji zobaczył ją ktoś ze znajomych i dosłownie wyciągnął za rękę z grupki otaczających ją Cyganek. Proces, jak się mówi, już został uruchomiony: wyciągnęła portmonetkę, żeby wyjąć z niej „papierek".

Cygańska hipnoza przydatna jest tylko do bardzo szybkiego opanowania sytuacji. Jeśli musicie w ciągu kilku minut lub nawet sekund dopiąć swego, stosujcie hipnozę. Problemy, które rozwiążecie z jej pomocą, mogą być naturalnie dowolne. Przy tym pamiętajcie o jednym ważnym warunku: stosując cygańską hipnozę nie wolno wam długo tłumaczyć rozmówcy co, dlaczego, wchodzić w szczegóły. Otrzymaliście pozytywną odpowiedź i bądźcie zadowoleni, działajcie dalej, póki ten ktoś nie wyszedł spod waszego wpływu.

Możliwe, że w waszym życiu zdarzały się sytuacje, gdy na bazarze sprzedawcom udawało się wcisnąć wam rzecz, której nie mieliście zamiaru kupować. Tylko przez ciekawość spytaliście o cenę. Być może rzeczywiście przydałaby się wam ona, ale prawdopodobnie będziecie żałować, że niepotrzebnie wydaliście pieniądze. Jak to wszystko się stało, nie pamiętacie. Jakoś tak ulegliście namowom i zapłaciliście, a zdarzyło się to, jak sądzę, w następujący sposób.

Przechadzałyście się po bazarze i zobaczyłyście na jednym stoisku ładną bluzkę. Spytałyście o cenę, tak na wszelki wypadek. A nuż zobaczycie gdzieś taką samą, ale tańszą? Zdajecie sobie sprawę, że nie ma zbyt dużo pieniędzy i macie co nosić. Wyglądacie nieźle, a wszystkiego, co jest na bazarze, i tak się nie kupi.

Powiedziano wam cenę i w ciągu kilku sekund z zachwytem patrzycie na niedostępną dla was rzecz. Dalej następuje mniej więcej taka rozmowa z właścicielką:

– Podoba się? – pyta właścicielka.

– Tak – odpowiadacie.

– Prawda, że ładna?

– Tak, bardzo.

– No pewnie, przecież to znana francuska firma, a jaka jakość! Można prać w pralce, nic jej nie będzie. Widzi pani?

– Tak – znowu odpowiadacie.

– I rozmiar pani. Na pewno. A zresztą przecież może pani przymierzyć. Proszę do mnie na zaplecze. U nas tutaj wszyscy mierzą. Będzie pani mierzyć?

– Tak – znowu się zgadzacie. Przecież nikt nie zmusza was do kupna, tylko proponuje przymiarkę. A to przyjemnie przymierzyć ładną rzecz. Zakładacie bluzkę i widzicie siebie w lustrze. To, co tam zobaczyłyście, nie jest ważne, ponieważ już całkowicie znajdujecie się pod oddziaływaniem tej kobiety i chociaż jeszcze nie wiecie, czy kupicie tę bluzkę czy nie, ona jest tego prawie pewna. Jeśli ta rzecz rzeczywiście jest w waszym rozmiarze i do twarzy wam w niej, uważajcie, że macie szczęście. Zdarza się tak nie zawsze. A więc macie na sobie bluzkę, a sprzedawczyni znowu pyta:

– Dobrze się pani w niej czuje?

– Tak.

– No i co? Weźmie pani? – i jeśli trwa kilkusekundowe milczenie, dodaje: – Opuszczę pięćdziesiąt złotych.

– Tak – zgadzacie się.

To, na ile ta bluzka jest wam niezbędna, wytłumaczy wam przejrzyście w domu mąż, który w zasadzie utrzymuje rodzinę. Najpierw otwiera przed wami szafę zapchaną szmatami, których przez dwadzieścia lat nie można zużyć, potem wskazuje palcem na podarte tapety i przypomina, że niedługo trzeba zrobić remont, który też kosztuje. Potem okazuje się, że w tym miesiącu nie zapłaciliście jeszcze za mieszkanie itd. I z tym wszystkim się zgadzacie, ponieważ rozumiecie, że ma rację. Ale jak to się stało, nie możecie zrozumieć.

Jeśli w waszym życiu coś podobnego się nie zdarzało, to można założyć jedno z dwojga: albo nie poddajecie się żadnej perswazji – i wtedy musicie nauczyć się to robić, albo po prostu jeszcze nie spotkałyście godnego hipnotyzera. Wówczas materialne, a czasami i moralne straty macie przed sobą.

Jednak mam nadzieję, że wam, czytelnicy, to nie grozi: po opanowaniu technik systemu DEIR jesteście oczywiście chronieni przed oddziaływaniem prymitywnej hipnozy. Było to możliwe przed waszym zetknięciem się z systemem DEIR.

I na tym zakończymy studiowanie możliwości sterowania za pomocą nieenergoinformacyjnych metod. O ich skuteczności łatwo się przekonać. Spróbujcie je łączyć, stosując reżim głosowy ze szczególnym typem wzroku i ustanawiając w czasie rozmowy określony dystans. Wymuście u rozmówcy zgodę na to, na czym wam zależy, wykorzystując cygańską hipnozę i zostawcie go zdziwionego z powodu tego, dlaczego tak łatwo się zgodził i w jaki sposób udało się wam go oszukać.

Naturalnie będziecie mieli pozytywne rezultaty wykorzystywania tych technik, lecz ile warte jest ich stosowanie, gdy wasz bagaż wiedzy i nawyków pozwala na osiągnięcie czegoś o wiele większego i z większą skutecznością, oceńcie sami.

Tym technikom nie warto poświęcać zbyt wiele uwagi na stronach naszej książki, ponieważ ich używanie jest ograniczone. Są one nam potrzebne raczej sporadycznie niż do codziennego stosowania. Jeśli z jakichś powodów zainteresuje was dany temat, to radzę zajrzeć do książek o NLP i hipnozie. Tam wszystko szczegółowo opisano i łatwo będzie się tego nauczyć. Tylko czy jest to wam potrzebne? Przecież bez wątpienia już zauważyliście, że coraz rzadziej czynicie jakieś dodatkowe wysiłki, by osiągnąć cel. Wszystko, czego chcecie, przychodzi w życiu do was samo. Taka jest przewaga tych, którzy zapoznali się z systemem DEIR, nad zwyczajnymi ludźmi.

Wiedza ta powinna wam starczyć, żebyście więcej nie miewali problemów z otoczeniem, jeśli takie były. Od teraz otoczenie zajmuje w stosunku do was należne miejsce.

POSŁOWIE

Ta książka w systemie DEIR jest drugoplanowa, ponieważ zadania systemu są znacznie szersze niż tylko sterowanie otoczeniem. Jak rozumiecie, sterowanie otoczeniem z głównego celu, do którego dążyliście od początku, przemieniło się w środek rozwiązywania waszych problemów i realizacji pragnień. Gdybym traktował problemy sterowania bardzo poważnie, materiału nie zabrakłoby i na dziesięć książek.

Naturalnie, nie jest możliwe udostępnienie czytelnikowi całej wiedzy, i wątpię, by było to potrzebne. Dla dokładnej, zgłębionej nauki istnieją kursy. Z czasem sami wybierzecie, która z tych technik wam bardziej pasuje. Możliwe, że uda się wam wypracować coś swojego, całkowicie coś innego.

Ale w każdym wypadku wiedza jest wiedzą i potrafi z niedobrych rąk zaszkodzić, a w dobrych przynieść korzyść. Jesteście godni tej wiedzy, chociażby dlatego, że nie chcecie ulegać wpływom energoinformacyjnych pasożytniczych pól, idziecie swoją drogą – drogą własnej ewolucji i jeśli potrzebujecie wiedzy – macie prawo ją uzyskać.

A więc co nowego odkryliście dla siebie, czytając tę książkę?

Po pierwsze, dowiedzieliście się, w jaki sposób ludzie są sterowani przez energoinformacyjnego pasożyta, jak powszechne jest to zjawisko i jak można to zmienić. Przecież właśnie energoinformacyjne pasożyty ograniczają działania każdego człowieka. Teraz możecie nie tylko im się przeciwstawić, ale i walczyć z najbardziej poważnym przejawem aktywności kształtów oraz programów. Nauczyliście się słyszeć cudze myśli i bezpośrednio ingerować w świadomość oponenta. Moim zdaniem ta wiedza daje wam o wiele większą przewagę, niż ma każdy zwyczajny człowiek (nie zapominajmy, że nowy etap energoinformacyjnego rozwoju już pozwala wam na działanie na całkowicie innym poziomie i z nieprawdopodobną skutecznością – tak więc metody sterowania otoczeniem będą chyba dla was czymś w rodzaju drugiej armatki na czołgu).

Wy, oczywiście, sami zadecydujecie, którą technikę zastosować w określonej sytuacji, lecz ze swojego doświadczenia mogę powiedzieć, że najtrudniejsze, chociaż i najskuteczniejsze oddziaływanie osiągane jest dzięki programom. Ich wielka przewaga polega również na tym, że uzyskujecie możliwość doskonalenia ludzi przebywających obok – stosując programy stajecie się swego rodzaju rzeźbiarzami dusz. Wykorzystajcie ten dar tylko dla dobra ludzi!

Wszystkie informacje zawarte w tej książce pozwoliły wam przekonać się po raz kolejny, jak wielkie są możliwości człowieka, który opanował system DEIR, jeśli mądrze je wykorzystujecie. Zdawajcie sobie sprawę ze swoich słabości i słabości innych. Przecież rozumiecie, że fizyczne kalectwo to zaledwie użądlenie komara w porównaniu z mocą waszego sterowania.

Ale najważniejsze, co chciałem podkreślić, polega na tym, że zgłębiając naukę DEIR zapewne zrozumieliście, jak wiele czynników oddziałuje na zwyczajnego człowieka. Naturalnie, nawet wy nie postrzegacie wszystkiego: najwyżej setną część, nie więcej. Lecz ci, którzy są obok was, nawet tego nie widzą. Dlatego właśnie wy jesteście zdolni zrozumieć, na ile zwyczajny człowiek jest bezbronny w swoim codziennym życiu. Na szczęście zaczęliście opanowanie systemu DEIR, pozwalającego uwolnić się od tej bezbronności.

Dzisiaj stanowicie rozwiniętą, zintegrowaną jednostkę, zdolną do kierowania innymi. A więc postarajcie się stosować wiedzę z korzyścią dla siebie i innych – właśnie dlatego umieściłem teksty o sterowaniu dopiero w trzeciej książce systemu DEIR. Teraz to wy macie ogromną przewagę nad pozostałymi. Wiecie i odczuwacie, w jaki sposób zachodzi każdego rodzaju oddziaływanie. Tam, gdzie zazwyczaj ludzie wstępują w konflikt i z tego powodu przeżywają rozterki, nabawiając się chorób, nieprzyjemności, pogarszając swoją karmę – tam możecie zauważyć konflikt energetyki otoczenia – energoinformacyjnych struktur pasożytniczych – i go zażegnać. Jesteście podobni do widzącego w kraju ślepych – nie wykorzystujcie bezbronności ślepców! Przecież potrzebujecie tych nawyków tylko dla uzyskania własnej wolnej drogi.

W następnych książkach czeka na was możliwość zaznajomienia się z technikami pozwalającymi skierować wzrok na otaczającą energoinformacyjną realność. Do chwili obecnej ćwiczyliście tylko ochronę i zabezpieczenie: właśnie tego potrzebowaliście na przejściowym etapie rozwoju. Teraz już jesteście gotowi, by ostatecznie przejść na nowy poziom. Będziemy uczyć się wzmacniać swoją energię osobistą do takiego stopnia, by stać się czymś o wiele więcej niż człowiek. Przestaniecie się bać utraty ciała, czyli będzie wam zagwarantowane świadome życie po śmierci. Nauczycie się postrzegać swoje dalsze cele i słyszeć Wszechświat. Nauczycie się wykorzystywać główne narzędzie transformacji otaczającego świata – poczujecie wiarę i zaczniecie przekształcać otaczającą rzeczywistość przez jedno nieznaczne natężenie myśli – wystarczy jedno pragnienie, by wszystko się od razu zrealizowało.

SPIS TREŚCI

ROZDZIAŁ 2.

ROZDZIAŁ 3.

ROZDZIAŁ 4.

Dimitri Wereszczagin
Pewność. DEIR V (etap I)

Nowa książka Dimitrija Wereszczagina zajmuje się jednym z ważniejszych problemów – w jaki sposób nie zagubić się w nurcie życia. Można próbować iść przebojem, na przekór trudnościom, ale po co niepotrzebnie się męczyć? Istnieje inny sposób. Gdy dostrzeżemy reguły, rządzące zdarzeniami codziennej rzeczywistości i zrozumiemy tendencje światowego potoku, nie będziemy już marnować czasu i sił, próbując uchronić się przed tym, co nieuniknione. Nie będziemy sztucznie tworzyć przeszkód na swojej drodze i zaczniemy pewnie kierować swoim losem.

Dimitri Wereszczagin
Mądrość. DEIR V (etap II, część 1)

Sensem życia jest tworzenie, pomnażające radość i dobro. Można się tego nauczyć, przyswajając poniższe zagadnienia:

- wykorzystanie emocjonalnej woli,
- techniki tworzenia emocjonalnych wektorów,
- metody odkrycia siły myśli człowieka,
- praktyki zmiany biegu wypadków,
- techniki życia twórcy,
- budowa energetycznej konfiguracji twórcy,
- praktyka poznawania drogi,
- stworzenie psychicznego typu twórcy.

Dimitri Wereszczagin
Świadomość. DEIR V (etap II, część 2)

Książki stopnia V, część 2, pt. „Mądrość" i „Świadomość" pozwalają uczyć się tworzenia nowej emocjonalnej woli i wpływania na świat poprzez świadomość. W swojej treści zawierają instrumenty tworzenia świata. Sensem życia jest tworzenie, pomnażające radość i dobro. Można się tego nauczyć, przyswajając poniższe zagadnienia: wykorzystanie emocjonalnej woli; techniki tworzenia emocjonalnych wektorów; metody odkrycia siły myśli człowieka; praktyki zmiany biegu wypadków; techniki życia twórcy; budowa energetycznej konfiguracji twórcy, praktyka poznawania drogi; stworzenie psychicznego typu twórcy.

Dimitri Wereszczagin
Sztuka. DEIR V (etap III)

Książka podsumowująca bazowy kurs Szkoły Nawyków DEIR – „Sztuka", łączy w jednolitą całość – bazę, nawyki energoinformacyjnego rozwoju wszystkich pięciu stopni i po raz pierwszy proponuje Czytelnikom nie tylko korzystanie z wielorakich zalet opanowania nawyków DEIR, ale pozwala również wyraźnie dojrzeć perspektywę osobistej ewolucji każdego człowieka.